CONSPIRATION DES ELITES II
ARMAGEDDON

CONSPIRATION DES ELITES II
ARMAGEDDON

Document

© 2020, C. Faydit

Édition : BoD - Books on Demand,
12/14 rond-point des Champs-Élysées, 75008 Paris
Impression : BoD - Books on Demand, Norderstedt, Allemagne

ISBN : 978-2-3222-2308-4

Dépôt légal : mai 2020

« L'ignorance mène à la peur, la peur mène à la haine et la haine conduit à la violence. Voilà l'équation. »
　　　　Avérroès. Philosophe/Théologien. 1126-1198

« Le monde ne sera sauvé, s'il peut l'être, que par des insoumis. »
　　　　　　　　　　　　　　　　　　André Gide

DEJA PARUS :

- *La conspiration des élites n'est plus une théorie*
  2018. BOD éditions

- *La conspiration des Pôles/ Un voyage vers le centre de la Terre*
  2020. BOD éditions

SOMMAIRE

- Préambule..p 11

- ACTE I : Le virus. Mars 2020......................p 17

- Matérialisation d'une vaccination................... p 77
  programmée

- CE QUI NOUS ATTENDS..........................p 87

- ACTE II : Effondrement économique..............p 97
    et révélations

- ACTE III : Transition planétaire :...................p 109
    L'heure du choix

- ANNEXE : L'incendie criminel de..................p 123
    Notre-Dame de Paris

PREAMBULE

A l'heure d'un confinement imposé, voilà qu'il me prends l'envie soudaine et irrépressible de la rédaction d'un dernier journal personnel pour cause de profonde révolte intérieure. En effet, «certains êtres» continuent et vont continuer de porter outrageusement atteinte à ma liberté et à vos libertés individuelles et collectives par l'intermédiaire d'une arme imparable : **un virus artificiel libéré à l'échelle planétaire !**

J'annonce clairement la couleur ! Ce livre, ou plutôt ce journal de nouvelles, **n'a pas spécialement pour vocation de vous convaincre d'une situation criminelle** élaborée patiemment par une maigre frange de l'humanité et ceci depuis des générations. Il vous serait par ailleurs quasi-impossible d'en accepter d'emblée la triste réalité sans avoir auparavant travailler un minimum la question. Pour ma part, il aura été nécessaire de m'investir pendant près de douze années dans une recherche tous secteurs afin de relever une foule de mensonges et de mystifications démontrées et imposées aux hommes depuis des milliers d'années !

Ainsi, afin de pallier à cette douce ignorance coutumière assumée avec bonheur et depuis toujours par l'être humain,

il m'apparut un jour nécessaire et vital de partager cette connaissance, durement acquise, par l'écriture de deux ouvrages. Ceux-ci résumant de la meilleure des façons et avec un soucis constant de discernement, de vérité et d'exactitude, le parcours dramatiquement chaotique et faussé de l'homme depuis ses origines jusqu'à nos jours. Il va sans dire que l'accent est fortement mis sur les infâmes manipulations politiques, scientifiques, économiques et religieuses ayant parfaitement fait de lui l'esclave naïf et ignorant prenant toute sa dangereuse dimension à l'heure d'aujourd'hui. **Vous me trouvez provocateur ?**
Tant mieux, car c'est exactement le but recherché afin de tenter de vous ouvrir le plus rapidement possible, si vous en avez le courage, à une toute autre réalité !

Donc, pour tout ce qui concernera un questionnement précis relatif à certains sujets abordés par la suite, je ne saurais trop vous recommander **de vous pencher et de vous investir sérieusement sur ces deux documents cités dans les premières pages de ce livre. Ils pourront véritablement vous offrir des clés de compréhension salvatrices au moment même où nous vivons les premiers et terribles bouleversements planétaires consécutifs à cette épidémie artificielle. Ils seront presque immédiatement suivis d'autres encore plus graves et déroutants que nous aborderons plus loin….**

Ces deux ouvrages furent édités sans aucune publicités pour cause de censure et de singularité un peu «trop marquée»….

Malgré tout et en passant par un éditeur travaillant en auto-édition, il est toujours possible de se les procurer

facilement sur toutes les plate-formes de vente en ligne, chez BOD éditions, **ainsi qu'en version e-book**. **Le titre *«La conspiration des élites n'est plus une théorie»* est même en lecture directe, gratuite et complète sur le site :** *lepouvoirmondial.fr/archive/2019/03/31/la-conspiration-des-elites-n-est-plus-une-theorie*
Egalement le livre : ***«La conspiration des Pôles»* en lecture gratuite sur** *:* **books.google.fr/la-conspiration-des-poles**
A consulter sans modération !
Le peu d'argent généré par les ventes n'étant absolument pas le but de mon entreprise…

Ainsi, dans les lignes qui vont suivre, je ne me répandrai plus inutilement sur une analyse longue et méticuleuse de l'origine véritable des événements en cours. Ma volonté sera plutôt orientée vers un commentaire argumenté et une mise en lumière quasi journalière, depuis le mois de Mars, des différentes actions, manipulations, dysfonctionnements coupables illustrant ces premières séquences douloureuses que vit l'humanité et qui se poursuivent encore maintenant. Viendra ensuite une projection de celles inédites qu'elle devra certainement affronter dans les mois et quelques années à venir….

Comprenez que le temps, qui nous est désormais compté, n'est plus à l'explication sans fin **mais tends vers la constatation sans conditions et urgente de faits présents et graves corrélés à ce qui aura déjà été rapporté par moi ou d'autres chercheurs de vérités, il y a quelques années maintenant.**

L'heure de la bienveillante et moelleuse parole est donc à présent dépassé et doit dès lors se transformer en un ultime avertissement pressant et déstabilisant, possiblement libérateur. Pour celui dont l'esprit commence à s'ouvrir, il y trouvera les preuves suffisamment convaincantes qui lui faisaient défauts. Car, même si cela doit vous surprendre, ce que l'humanité traverse maintenant, d'autres que moi l'avaient déjà imaginé, il y a fort longtemps, en tirant fort sur la sonnette d'alarme ! Et nombreux sont ceux qui le payèrent de leur vie….En ce qui me concerne, **j'avais personnellement déterminé que de graves dangers se produiraient à partir de 2019/2020. J'avais même poussé l'audace jusqu'à parier dessus !** Voir page 473 du live *«La conspiration des élites n'est plus une théorie»*. Nous y reviendrons….

Je ne suis pourtant pas médium, ni chamane et encore moins madame Soleil. C'est uniquement la recherche d'une autre vérité et d'une connaissance parallèle interdite, complètement déconnectée de la presse et de l'information officielle mensongère, qui pouvait, seule, autoriser une approche nouvelle, solide et objective.

Aujourd'hui, des événements inédits et perturbants se produisent sur toute la planète au moment même où j'écris ces premières lignes et ce n'est que le début…..Car, hélas, les mois qui viendront et passeront verront la concrétisation d'un enchaînement difficile mais néanmoins nécessaire dans le cadre de l'évolution de l'humanité !

Convenez enfin, que jamais notre monde n'a été à ce point aussi meurtri, récemment, par autant de catastrophes en tous genres, qu'elles soient environnementales, sociales et politiques. Ce monde en parfait déséquilibre, malade à en crever, n'empêchait pourtant en rien la majeure partie des gens de continuer, malgré tout, à chanter comme le coq, avec les deux pieds dans la me..e ! Alors, comme un logique «retour de bâton», ce nouveau virus arrive à point nommé pour faire sombrer définitivement dans la peur l'humanité servile tout entière, confrontée à un fléau non naturel risquant de précipiter, de surcroît, l'implosion d'un système politico-économique déjà moribond. Nous verrons que ce très habile subterfuge n'est que le début d'un plan machiavélique à grande échelle.

Je vous le dis d'ores et déjà avec bienveillance mais aussi avec fermeté : il va falloir apprendre à dire **NON** face à l'inacceptable qui nous submerge tous actuellement. Vos libertés sont en jeu, et vous n'imaginez pas encore jusqu'à quel point !

En fait, l'élaboration de ce document se devra d'être interprété comme l'énumération d'une succession d'événements déstabilisants et inédits qui vont s'enchaîner, sous nos yeux, dans un segment de temps déterminé, et dont les caractéristiques et les traces seront étrangement à retrouver, en grande partie, dans mes précédents ouvrages. Cela ouvrira donc la porte à de nombreuses preuves, constatations et confirmations troublantes, seul mécanisme permettant, peut-être, de sortir «l'homme mouton» de son profond sommeil destructeur !

Dès lors, mon seul souhait, ma seule volonté an sein de ce dernier challenge se résumera uniquement en la transmission d'un message à lire et à «écouter». **Après sa lecture, effacez le ou rangez-le où bon vous semblera.**

Conservez-le dans un coin de votre tête ou sur votre PC ou sur une étagère et puis, que vous le vouliez ou non, <u>arrivera rapidement un temps encore plus difficile à comprendre, à vivre et à gérer</u>…..certainement le meilleur moment afin de vous en souvenir pour commencer enfin à «fendre la cuirasse», reconquérir votre liberté et découvrir que vous aviez une âme. Cette âme révélée et lumineuse qui, seule, vous offrira les clés d'un passage apaisé et libérateur vers la transition irréversible de la Terre et de la partie éveillée de l'humanité vers une autre dimension bien plus subtile car libérée des contraintes terribles de la matière de sa troisième dimension.

ACTE I : LE VIRUS

Mars 2020

La planète à l'arrêt. Une première pour le genre humain depuis des milliers d'années. Réfléchissez….

Aujourd'hui, aucune guerre n'a été déclarée, et aussi féroce le combat puisse t-il être, <u>elle pourrait bien ne jamais se déclarer à la façon habituelle</u>. Notre mode de vie est attaqué. Ceux qui se veulent nos ennemis progressent partout dans le monde. La survie de nos amis est menacée….**Car nous sommes confrontés, dans le monde entier, à une conspiration monolithique et impitoyable qui compte sur des moyens secrets pour étendre sa sphère d'influen**ce par l'infiltration plutôt que l'invasion, la subversion plutôt que les élections, par l'intimidation au lieu du libre choix, par guérillas la nuit au lieu d'armées en plein jour.

C'est un système qui a nécessité énormément de ressources humaines et matérielles dans la construction d'un tricot serré, une machine extrêmement efficace qui

combine armée, diplomatie, renseignements, opérations économiques, scientifiques et politiques. **Ses préparatifs sont cachés et non publiés.** Ses erreurs sont enterrées, non évoquées, **ses dissidents sont réduits au silence… Aucune dépense n'est mise en question, aucune rumeur n'est imprimée, aucun secret n'est révélé.**
Le mot secret est inacceptable dans une société libre et ouverte. Et nous sommes, en tant que peuple, intrinsèquement et historiquement opposés <u>aux sociétés secrètes, aux serments du secret, aux réunions secrètes..</u>

Que pensez-vous de cette entrée en matière plutôt «cash» ! Vous devez certainement penser que je possède une imagination débordante et que cela collerai davantage avec le discours d'un débile en mal de sensationnel stérile. Un peu du genre théorie du complot puissance XXL !
Et bien vous allez être surpris car cette allocution n'est absolument pas de moi et vous savez quoi….elle est d'origine d'un grand Président américain, **John. F Kennedy** ! Déclaration qu'il fit devant l'association des éditeur de presse des Etats-Unis, le 27 avril 1961, à New-York. Rassurez-vous, si elle ne fit aucun bruit à l'époque, malgré le fait que ce «speech» ne s'adressait qu'à des journalistes, c'est que, dès le lendemain, son discours fut complètement travesti par le New-York Times !
L'ex-Président Eisenhower, en janvier 1961, lors de son discours d'adieu à la nation, mis en alerte lui aussi le peuple américain, d'une façon a peu près similaire, en le mettant en garde contre l'infiltration malveillante de

l'Administration américaine par les élites du complexe militaro-industriel.

Comprenez que leur pouvoir est prodigieux et que même un Président américain n'est rien face à cette organisation criminelle opaque qu'ils dénoncèrent pourtant en direct et très clairement.

Source document : www.jfklibrary.org/Research

Si vous ne le connaissiez pas, ce sera le bon moment de s'en inspirer sérieusement **afin de le remettre au goût du jour !** Inutile de vous préciser que ce discours est bien plus dense et que je le commente longuement dans le premier de mes ouvrages ainsi que celui de Eisenhower. Il ne s'agit pas d'une «fake-news» mais juste d'une fantastique pièce à conviction jamais dévoilée intégralement dans la presse grand public du monde entier ! Savez-vous que, dans un soucis de vérité historique, j'avais tenu à faire parvenir cette déclaration argumentée ainsi que d'autres documents à certains journalistes de M6 et de France 5 ?

J'ai les preuves de ces envois et la récolte du silence en guise de réponse et de divulgation….Il s'agit pourtant d'un document officiel qui ne devrait laisser personne indifférent et encore moins de véritables journaliste avides d'informations solides et vérifiées ! Moralité, n'écoutez pas la smala des journalistes grands publics qui diffusent en boucle comme des perroquets, et à longueur de journée, des nouvelles tronquées et maquillées par la direction des grandes agences de presse mondiales détenues, toutes, par de grandes élites financières….leur business consistant simplement à maintenir l'individu dans l'ignorance la plus parfaite. La vérité n'est donc pas à rechercher chez eux, ce serait une dangereuse utopie que d'y croire ! A ce titre, méfiez-vous drastiquement des commentaires que l'on vous impose actuellement et quotidiennement. Leur seule volonté étant de vous amener là où ils le souhaitent, **c'est à dire dans la peur qui est la plus sombre des impasses.**

Alors vous doutiez encore de l'assassinat de Kennedy pour raison d'état...de l'ombre ? A la lumière de cet avertissement planétaire, il est un fait que son courage et son statut de N°1 mondial n'auront pas suffit à lui sauver la vie pas plus qu'à son frère, **Bob Kennedy**, qui sera lui aussi assassiné pour cause de trop bon classement dans la course à la présidentielle et dans sa volonté de rouvrir le dossier sur l'assassinat de son frère John.

La disparition du clan Kennedy signa définitivement l'écroulement du dernier rempart face à l'expansion néfaste d'un système politique et économique «truqué» pour l'avènement proche d'un nouvel ordre mondial totalitaire....qui prends à présent doucement forme sous vos yeux encore douloureusement fermés. Il est maintenant l'heure, pour l'infecte pieuvre, de poursuivre et conclure sa guerre larvée se manifestant, comme l'avait souligné Kennedy, **d'une façon inhabituelle**....A partir de là, nous allons pouvoir commencer à étudier les événements actuels à la lumière de ces authentiques et solides bases.

15 Mars 2020

Demain Lundi 16 Mars sonnera pour nous tous l'heure du confinement pour au moins 15 jours qui se transformeront bien vite en plusieurs semaines….Il faut bien faire doucement avaler la première pilule aux futurs malades ! **5100** morts environ sur la planète après 3 mois et demi de progression, plusieurs centaines en France.

Mais, comble de la stupidité et de l'incompétence voulue, on laisse, juste quelques heures avant «la loi martiale», des dizaines de milliers de parisiens et de nordistes se marcher dessus dans les gares afin de prendre des trains bondés afin de fuir vers les régions du Sud encore relativement épargnées. **On doit très certainement avoir à faire à un virus intelligent qui suis strictement les consignes gouvernementales….**Par contre, dès le lendemain, une de mes connaissances prenait 35 Euros d'amende pour s'être déplacée, elle et son conjoint, dans leur voiture ! Où quand le foutage de gueule n'a d'égal que l'illusion d'une véritable stratégie de protection des individus.

Rappelons, malgré le déni des autorités, que ce nouveau virus, aussi véloce qu'une grippe saisonnière, se transmet de la même façon que cette dernière, c'est à dire par contact et postillons. Que les symptômes sont du même ordre et pouvant provoquer une forte détresse respiratoire majoritairement grave pour les personnes les plus âgées et celles fragilisées par des pathologies annexes et variées. Le recours aux respirateurs restant alors le seul palliatif commun afin de tenter d'endiguer le mal. Notons au passage que le merveilleux vaccin anti-grippe, qui «foire» lamentablement chaque année, n'est qu'un emplâtre sur une jambe de bois uniquement destiné à remplir les caisses des richissimes industries pharmaceutiques, quand il ne tue pas directement certaines personnes fragiles après injection ! **Constatez tout de même que, malgré ce mortel fléau saisonnier, cette vaccination n'a pas encore été rendue obligatoire pour l'ensemble de la population.**

Retenez bien ce dernier argument car vous constaterez qu'un vaccin (aussi inefficace) contre le Covid-19 verra rapidement le jour (vous verrez, bien avant les un ou deux ans annoncés) mais sera, quant à lui, administré peut-être sans votre consentement mais pour le plus grand bonheur des populations ignorantes qui se marcheront dessus pour en bénéficier. Pour les élites qui auront décidé de ce protocole, il faut bien comprendre que ce n'est pas notre santé ni l'efficacité même du produit qui rentrera en ligne de compte mais plus sûrement la «fève» immonde qui se trouvera à l'intérieur **et destinée à agir effectivement sur votre propre intégrité physique et sur votre comportement. Un conseil, dites non à ce vaccin dès l'instant où l'on commencera à vous en faire miroiter ses bienfaits.** Pour plus de détails, vous savez vers quels documents vous tourner….et à retrouver un peu plus loin dans ce livre.

Enfin, si j'insiste sur le virus de la grippe, qui est lui-même un coronavirus, c'est que sa transmission, à la lueur macabre des chiffres, semble tout aussi foudroyante que le Covid-19 !

A travers cet aspect, **pourquoi** donc, à votre avis, n'est-il jamais établi aujourd'hui dans la presse grand public, un état comparatif des victimes de ces deux virus sur un même créneau de temps ?

Pourquoi n'avoir jamais voir accordé et garanti la même protection maximale et attention à un malade atteint du virus de la grippe qu'à celui d'un malade du Covid ?

Pourquoi un mort de la grippe semble soudainement moins terrible et important qu'un décès Covid ?

Pourquoi ne pas saturer l'information, chaque hiver, du même décompte morbide journalier des pertes en vies humaines de la grippe partout dans le monde ?

Pourquoi subitement distiller la peur, l'effroi et le désespoir à un tel degré et à une telle échelle ?

Pourquoi ne jamais évoquer certaines années délicates et noires qui surchargèrent à la limite de rupture plusieurs de nos établissement hospitaliers à cause d'un virus grippal particulièrement agressif forçant le rappel de personnels, la réouverture de lits et la déprogrammation d'activités non-urgentes (2,9 millions de personnes touchées en 2015) ?

Pourquoi enfin ne pas jouer aussi la carte du confinement, chaque année, sous une forme similaire **quitte à menacer de faire s'écrouler l'économie planétaire pour la protection des personnes les plus âgées et les plus faible**s, tel qu'il est martelé avec bienveillance par notre grand Président manipulateur et ex-banquier Rothschild, qui se fout par ailleurs complètement de leur santé ?

Et bien oui, pourquoi ne pas publier au journal de 20H00 que la grippe saisonnière tue, à elle seule et en moyenne, plus de 650 000 personnes chaque année dans le monde ? Soit environ 1280 décès par jour, un mort toutes les 67 secondes, pour 3 à 5 millions de cas graves.

Le bilan pour la France s'établissant quant à lui à 14 000 morts en 2017, 13 000 morts environ en 2018 et jusqu'à plus de 20 000 morts liés au virus grippal pour le seul hiver 2015 (chiffres Santé Publique) !

Pas foudroyante et pas tueuse la grippe ? Les chiffres mondiaux officiels de l'OMS décrivent une mortalité s'établissant sur moins de trois mois **et sur un pic dévastateur de 4 à 5 semaines !**

Dès lors, imaginez un seul instant que les médias vous imposent et vous martèlent, plusieurs fois par jour et dans cette même période délicate, la saturation des hôpitaux, la progression de l'épidémie, le même décompte des malades et des décès dans le monde et en France ! Vous ne le supporteriez pas plus qu'aujourd'hui et vous le trouveriez forcément et certainement encore bien plus effrayant dans votre vie de tous les jours !

Par conséquence, pourquoi ne pas imposer systématiquement chaque hiver, à certaines populations, un court confinement par pays qui sauverait assurément des centaines de milliers de vies ?…. **J'ai dit une connerie ou vous trouvez que cela pourrait ressembler à du bon sens et à une certaine humanité ?**

Je sais, malgré tout, ce que vous devez en penser : ce virus est plus virulent et fera plus de morts malgré un confinement strict. C'est possible, **mais plus sûrement à cause d'une absence volontaire de traitement.** A ce titre, il est bien parti pour faire un peu plus de morts qu'une forte grippe saisonnière ! Est-ce pour autant qu'il puisse exister à ce point de nocivité, deux poids, deux mesures ?

Plus de 650 000 morts par an, dont 87 % de personnes âgées et fragiles, c'est acceptable et routinier mais un éventuel bilan un peu supérieur devient, lui, immédiatement intolérable ? Avec, de surcroît, **la conséquence et menace directe de mettre économiquement la planète «à l'envers»** et en rajoutant **une bonne dose de traumatismes et de forte surmortalité suite à un lourd confinement qui impactera immanquablement les gens les plus terrorisés, les cardiaques, les alcooliques, les drogués, les suicidaires, les SDF, les plus seuls, les plus âgées, les plus fragiles et les décès par violence conjugale et à enfants....<u>Vous constaterez assez rapidement que ce confinement imposé fera, à lui seul, plus de morts et de malades dans le monde que le coronavirus lui-même !</u>**

Ainsi, ne trouvez vous pas que notre santé préoccupe subitement et dramatiquement nos dirigeants d'une très étrange manière à partir du moment où un virus porte simplement un nouveau nom «barbare» ? Habituellement, c'est plutôt la fermeture de structures hospitalières qui les motive davantage, la réduction budgétaire et du personnel soignant, le déremboursement de médicaments et de l'homéopathie, le fleurissement des déserts médicaux, la fermeture d'usine de production de masques de protection (usine Plaintel trahie par l'État en 2018) avec de surcroît **la disparition criminelle de centaines de millions de masques de protection pour cause de coût de stockage amenant une pénurie meurtrière pour tous les personnels de première ligne aujourd'hui !** Dites-moi si je me trompe et si tout ce panorama ne semble pas un peu trop paradoxal et quelque peu troublant et insolite !

En disant cela, je ne conteste pas certaines mesures devant s'appliquer maintenant pour ralentir la propagation mais, **ce que je dénonce en parallèle, c'est aussi et surtout la partie débauche dégoulinante de publicité morbide distillée par les médias à une échelle monstrueuse et disproportionnée par rapport à un fléau qui, ramené à sa propre nocivité, ne tuerait que dans 2 à 3% des cas en moyenne contre environ 1% pour une grippe saisonnière dont les patients bénéficient, EUX, d'un traitement.** Vous appréciez davantage à présent ce fort décalage publicitaire totalement inapproprié, destructeur, néfaste et incompréhensible ?

Si l'on avait, dans l'absolu, accepter l'apparition de ce virus de la même façon que l'on traite, **sans peur mais avec davantage de protections individuelles,** une grippe saisonnière, les défenses immunitaires auraient progressivement accompli leur travail de protection afin de ramener la situation à la normale, un peu comme pour la grippe. C'est par ailleurs ce qu'avaient envisagé certains pays au départ qui durent, par la suite, plier sous la pression politique de leurs voisins.

Quoiqu'il en soit, ce qu'il faut absolument prendre en ligne de compte dans ce dossier, c'est le facteur hyper aggravant recherché formant à lui seul l'objectif numéro 1 et final de nos élites : **Générer LA PEUR et l' EFFROI à l'échelle mondiale à n'importe quel prix humain !**

En effet, si ce virus artificiel fut «malencontreusement» lâché dans la nature , il faut tout de même préciser qu'il avait tout loisir de s'échapper du plus gros laboratoire de chine situé à l'épicentre de l'épidémie, **Wuhan**. Car ce laboratoire de pointe était, entre-autres, **spécialisé dans l'étude du Coronavirus des chauves-souris** ! Vous pourrez vérifier vous-même sur le net, que ce labo P4 existe véritablement.

En-dehors de ce dernier indice, il reste bien évident que l'un des buts recherché devait porter sur l'élimination des personnes les plus faibles et inutiles à la société à l'échelle planétaire. Et même si, à cet instant précis, vous ne croyez pas un mot de ce que vous lisez, rappelez-vous que ce n'est pas un problème….vous serez amené à y adhérer de plus en plus par la force des choses et des événements, si toutefois vous parveniez à ouvrir à temps votre propre conscience !

Dans le même schéma, je tiens à rajouter que, même si pour beaucoup d'entre-vous l'étude des «mystères» de la vie dans l'univers se résume à la possibilité de l'existence de traces microbiennes à la surface d'une possible exo-planète, nous sommes aidés en coulisse par certains peuples galactiques positifs (vous savez ces espèces d'humanoïdes qui se montrent depuis des milliers d'années dans leurs vaisseaux en forme de soucoupes volantes et venant des confins de l'univers **pour «enfiler des perles» sur la Terre….**) et d'autres plus «éthérés» qui veillent à désamorcer des situations pouvant se révéler particulièrement meurtrières pour l'être humain. Dans le cas de ce virus, sa nocivité aurait pu être fortement réduite. Mais leur intervention ne peut être que limitée **afin de ne pas dépasser la ligne rouge du libre arbitre qui reste de**

la responsabilité de chacun. En ce sens, si le choix de certains est de répandre le mal, il est de notre devoir d'acquérir, par nous-mêmes, la connaissance et le discernement nécessaire afin de contrer et de refuser, par choix, l'inacceptable. Vu sous cet aspect, la conséquence de ce mécanisme viendrait alors à transformer positivement l'individu par sa confrontation à la difficulté ou pour faire simple, cette situation imposée pourrait se révéler, à terme, être un mal pour un bien pour l'éveil de l'homme.

Comme précédemment annoncé, toutes les explications complémentaires, **dont l'évidente réalité extraterrestre**, sont à retrouver là où vous savez….Etant moi-même ancien contrôleur aérien militaire, je sais, un peu plus que d'autres, de quoi il retourne !

Autre indice perturbant à peine évoqué dans les médias, fut l'explosion de l'épidémie dans le Nord de l'Italie. Souvenez-vous, le premier patient infecté fut identifié sans pour autant n'avoir jamais fait le moindre déplacement en Chine ni approché ou être entré en contact avec la moindre personne malade. Même constatation dans l'Oise en France, c'est à dire absence totale de patient 0 ! Mais pour autant, on en saura jamais beaucoup plus…

N'avez-vous pas également noté la totale liberté d'action et de circulation accordée aux journalistes, la débauche d'images terribles sur l'état de poumons malades, d'interviews de familles endeuillées, de commentaires toujours plus alarmistes et de témoignages poignants axés en permanence sur les seuls personnels cloués en première ligne ? Tous ces pauvres et courageux soignants débordés dans des Hôpitaux **répartis sur seulement quelques**

secteurs précis du Nord-Est de la France et de Paris…. Le tri des malades, les crématoriums qui n'arrivent plus à suivre, des cercueils alignés, les familles privées de leur deuil, des termes guerriers employés judicieusement et systématiquement….**une infection digne de la pire des pestes noires du moyen-âge !** Le travail des médias est tellement puissant et si bien vendu que la plupart des gens finissent par s'imaginer qu'il en est de même dans toutes les régions de France et qu'il ne leur reste bientôt plus que quelques jours à vivre ! Alors l'information juste et bien dosée, oui, mais **un tel débordement de « tabassages» médiatique d'une terreur gratuite et organisée relève davantage d'un conditionnement psychologique brutal et pervers uniquement orienté pour répandre la terreur au sein des populations.**

J'entends d'ici la levée de boucliers de tous les ignorants maladifs (fort nombreux…) crier courageusement que c'est de loin la meilleure façon de faire comprendre aux gens la gravité de la situation ! Oui mais voilà, il s'avère que ce comportement est précisément le résultat attendu par nos dirigeants corrompus. En effet, si le commun des mortels n'a pas encore pris soin d'étudier la puissance et la force des pensées, d'autres «êtres» ont développé depuis très longtemps un arsenal de connaissances «scientifiques» permettant d'en tirer les meilleurs avantages ! Car ce qu'ignore les populations effrayées, c'est que la peur est le pire des sentiments. Il s'agit d'une véritable énergie noire, un poison mortel expulsé de votre mental et qui va venir polluer et grossir un espèce de nuage ou égrégore d'énergie négative déjà existant, pour impacter, en retour, l'émetteur ainsi que la majorité des humains. En résumé, la peur est la pire de toute les armes **et il est absolument nécessaire et vital de vous convaincre que ce dont on a peur, on l'attire irrémédiablement à soi. Résultat, au lieu de réduire les effets du virus, ce comportement irresponsable et criminel sur-multiplie les effets destructeurs de ce dernier**….pour le plus grand bonheur de nos escrocs manipulateurs qui s'en donnent à coeur joie chaque jour qui passe !

Sous un autre aspect, il se trouve que très peu de jeunes enfants sont directement impactés par la maladie où que celle-ci ne semble pas se développer chez eux ! Le monde de la science est donc perplexe mais a immédiatement expliquer ce paradoxe par un tour de passe-passe magique, à base de considérations approximatives car non-validées par une quelconque étude approfondie, en statuant que leurs défenses immunitaires seraient plus efficaces que chez les adultes. Alors même que de nombreux pédiatres affirment que les jeunes enfants sont de véritables aspirateurs à virus en tous genres ! Vous voulez dans ce cas entendre une autre version ?

Les jeunes enfants ne sont pas atteints ou ne développent peu ou pas la maladie pour une seule et bonne raison : **ils n'ont aucune conscience de ce danger, ne le comprennent pas et, par conséquence, ne génèrent aucune peur le concernant.**

26 Mars 2020

Bilan : environ 23300 morts dans le monde et près de 1700 en France.

Ce jour et sans aucune forme de révolte cléricale, on vient de fermer toutes les églises à double tour. Vous savez, ces lieux de culte Chrétiens où plus personne ne va jamais mis à part quatre bigotes qui égrainent un chapelet. Renseignements pris et sur décision ministérielle, les diocèses ont lâchement baissé le pantalon et abandonné le Christ à son triste sort solitaire. Bel exemple de foi mais plus sûrement de traîtrise ! Il paraîtrait qu'il faut éviter les rassemblements autour des cierges ??? D'habitude ce sont plutôt les gens qui évitent les cierges et les églises, non ?

Je sais fort bien que tout cela ne vous inspire pas et même si, personnellement, je ne vais pas davantage dans les églises, je ne supporte pas la facilité avec laquelle les responsables religieux ont abandonné l'affaire sans combat, et le Pape en premier. Il ne s'agissait pas d'autoriser les messes et autres cérémonies religieuses **mais simplement de laisser une porte ouverte afin de donner la liberté à toute personne de venir se recueillir ou prier un bref instant dans une église vide.** Vous apprendrez (là ou vous savez) que la hiérarchie de l'église catholique est totalement plombée et sous emprise. Il n'y a plus rien à en attendre (si tant est qu'il y avait une attente...) et ce constat là en fait foi. Le Vatican est devenu depuis longtemps le repaire du mal, de la pédophilie et de la soumission aux élites…Lisez vous serez horrifiés !

Avez-vous également remarqué le silence assourdissant de notre bon Pape ?

Pour faire bonne mesure, on vient également de fermer les cimetières. Heureusement que la connerie humaine ne tue pas encore, quoi que...! ! Et les gens d'abonder….

Puisque l'on aborde le sujet religieux, il me vient à l'esprit la facilité avec laquelle on a abandonné (l'église en pôle position) la recherche de la vérité quant à l'incendie de Notre-Dame de Paris. Vous savez ce grand édifice multi centenaire qui a brûlé si vite et tout seul malgré une charpente en «bois pré-fossilisée» ! C'est vrai, l'Etat a bien essayé de compromettre les ouvriers de l'échafaudage et le réseau électrique mais il s'avère, qu'après une enquête rapide, ni l'un ni l'autre ne pouvaient être tenus, d'aucune façons, pour responsables de ce sinistre. J'ai mené très facilement une simple enquête auprès des principaux intervenants que j'ai reproduite dans mon second ouvrage : *La conspiration des Pôles*. L'état a très vite compris qu'il ne pourrait pas mettre en accusation tel ou tel protagoniste sous peine de déclencher en retour une procédure en justice qui n'aurait pas manquée de mettre la tête de l'exécutif en très mauvaise posture **face à des preuves accablantes les impliquant directement**. La piste terroriste ayant été très étrangement repoussée, dès le jour de l'incendie, il ne restait plus à l'état que le gel et le pourrissement de la situation. Et comme tout le monde s'en désintéresse, les résultats aléatoires d'une fausse enquête feront parfaitement les affaires de nos chères élites du pouvoir qui sont les vrais barbouzes de cette affaire. Souvenez-vous d'un certain discours de Macron qui devait avoir lieu, le soir même, en pleine période de révolte des gilets jaunes….

Pour la petite histoire, sachez que Macron a désigné un Général d'Armée afin de gérer le dossier de reconstruction de la flèche plaçant ainsi sous son contrôle l' ingénieur en chef des monuments historiques. Le monde à l'envers quoi ! Monument qui, bien évidemment ne sera jamais reconstruit à l'identique….la destruction de la Chrétienté et de leurs symboliques positives faisant absolument parti de l'un de leurs principaux objectifs.

Afin que tout cela soit plus clair dans votre esprit et avec l'unique ambition de vous apporter les meilleurs éléments de preuves aptes à vous faire apprécier notre situation du moment avec un œil un peu plus averti, vous retrouverez dans l'annexe de cet ouvrage, l'énumération précise des faits relatifs à cet incendie et tiré directement de mon précédent livre : *«La conspiration des Pôles»*

Comme je le précise à chaque fois, et notamment dans les premiers chapitres de *La conspiration des élites,* **tant que vous refuserez d'accepter de porter un regard scientifique et spirituel quant à vos origines cosmiques,** vous vous couperez malheureusement de la compréhension de votre véritable nature et, dès lors, du fonctionnement du monde et de nos déboires actuels.

Le décompte des décès s'alourdit et suit une courbe ascendante dans la plupart des pays du monde. Mais un espoir est en passe de naître : un chercheur marseillais au look décalé, et semblant directement revenir de Woodstock, vient de publier un protocole prometteur sur 20 patients à base d'un produit dérivé de la nivaquine, la Chloroquine.

Le **Professeur Raoult** est infectiologue de notoriété mondiale, Professeur de microbiologie et spécialiste des maladies infectieuses. Il a été lauréat du Grand prix INSERM 2010 pour l'ensemble de sa carrière, est l'un des chercheurs français les plus cités avec de nombreuses publications scientifiques mondiales à son actifs et est membre du Conseil scientifique Covid-19 mis en place par Macron lui-même !

Bref, cet homme surdoué s'est emparé du problème bien avant le 16 mars avec professionnalisme en testant et mettant au point un traitement particulièrement prometteur afin de tenter de venir rapidement à bout de ce virus. C'est à dire, tout ce que l'on demande à un véritable spécialiste…. Les premiers résultats s'avèrent tous positifs mais un collège de scientifiques bornés, n'écoutant que la voix de la trahison et du mensonge, préfèrent temporiser en arguant que ce produit pourrait présenter des effets indésirables ! Que ces imbéciles consultent simplement la notice d' une simple boîte de Doliprane (qui est d'ailleurs le médicament miracle le plus prescrit aux malades !) et détaillent la liste des contres-indications et effets indésirables. Elle est longue comme le bras à faire peur !

Lorsque j'étais dans l'armée et en mission extérieure au Tchad, j'ai consommé journellement de la nivaquine pendant 3 mois et n'est jamais rencontré le moindre effet secondaire. Et des milliards de personnes sur la planète peuvent en dire tout autant.

Les effets indésirables sont juste à l'image de ces abrutis et le simple fait d'imaginer qu'il puisse se trouver un homme pour les contrer aussi rapidement les met assurément dans une position plus que délicate. Alors, le verdict «éclairé» du gouvernement, par l'intermédiaire de son Ministre, simple urgentiste, sera donc de réserver ces essais aux seuls cas graves hospitalisés et sous contrôle strict ! **Ce décret daté du 26 mars stipule aussi qu'il n'y aura pas de délivrance du plaquénil (dérivé de la chloroquine) en médecine de ville ainsi que l'interdiction de l'exportation des spécialités contenant de l'hydroxychloroquine.** En clair, on interdit du jour au lendemain à des médecins de ville, qui le prescrivaient régulièrement à leurs patients pour d'autres pathologies, de poursuivre leur traitement et de ne plus le recommander contre le Coronavirus ! J'ai juste envie de dire, car les mots me manquent : **mais qu'est-ce qu'il vous faut de plus pour enfin comprendre que l'on vous prends tous pour des cons ?**

Il est rassurant de voir avec quel zèle ces voyous en costard-cravatte sont capables de dénigrer la moindre avancée permettant de générer un espoir solide dans le traitement de ce virus. Vous imaginez, si cela devait fonctionner ? C'est exactement le type de protocole systématiquement utilisé par les élites afin de freiner ou de se débarrasser de toutes personnes souhaitant faire avancer le système. L'élimination est par ailleurs un dernier recours souvent employé….Lisez, vous comprendrez mieux….

Résultat, le Professeur Raoult se désolidarise du Comité Macron et poursuit ses tests sur 80 autres patients. Mais maintenant que le ver est dans le fruit, il va être plus difficile de convaincre une partie de la population et des médecins «réveillés» de l'invalidité d'un tel traitement.

Qu' à cela ne tienne, le 26 ou 27 mars, il semblerait que, sur le conseil de Mme Macron, le Président aurait tenu à s'entretenir avec le Professeur Raoult. Résultat, cacophonie médiatique généralisée au sortir de laquelle une autorisation du traitement serait élargie à tous les patients hospitalisés, quel que soit leur état, hormis pour la médecine de ville.

Suite à ce revirement, remerciements du Professeur envers le Ministre de la Santé, dès le 27 mars. Affaire à suivre….

27 Mars 2020

Bilan : environ 27360 morts dans le monde et près de 2000 en France.

Aujourd'hui, à la une de la désinformation et de la peur sans limite, nous apprenons le premier décès d'une adolescente de 16 ans des suites du Coronavirus. Le message morbide à faire passer en priorité est très clair : **aucun d'entre-vous n'est à l'abri de ce virus mortel y compris les plus jeunes !** Un vrai message d'espoir….

Vous êtes loin d'imaginer la perversité de ces êtres car assiste t-on à la même publicité morbide lorsque qu'une simple grippe saisonnière tue aussi des adolescents ? Ah oui, c'est vrai qu'il est tellement difficile de trouver l'info par un simple clic ! **Alors laissez moi vous informer qu' un ado de 13 ans est décédé de la grippe en janvier 2017, en Ardèche, quelques heures seulement après son passage aux urgences de l'Hôpital de Valence (Drôme).**

Ainsi, selon le Professeur **Odile Laurey,** infectiologue à l'Hôpiltal Cochin à Paris, certaines formes graves de la maladie (grippe) peuvent provoquer des complications mortelles chez les sujets jeunes.
Source : francetinfo.fr/sante/maladie/grippe

Cela m'a juste pris 30 secondes pour remettre à sa juste place un terrible fait de société uniquement destiné à traumatiser mais qui n'en est pas vraiment un car il s'inscrit tout simplement parmi les conséquences normales de la nocivité d'un virus. Mais qui ira vérifier ?

Pas vous, comme 95 % de la population parce que votre naïveté et votre propre peur sont vos meilleurs amis !

Aujourd'hui encore, on nous prépare doucement à, peut-être, devoir accepter, sous couvert de bonne conscience bien entendu, un certain «traçage électronique individuel» dans le cadre de la lutte contre l'épidémie. En quoi cela consistera t-il ? Ecoutons pour cela les commentaires rassurants du petit roquet de la république du nom de Castaner :

Le ministre de l'Intérieur a tenté de rassurer jeudi soir face aux craintes d'une surveillance trop poussée de la population. L'hypothèse d'un traçage des données pour lutter contre le Coronavirus, *«n'est pas dans la culture française »* et *«nous n'y travaillons pas»,* a ainsi déclaré Christophe Castaner.

Cependant, pour que cette idée ne se concrétise pas, il en va seulement de la responsabilité des citoyens quant au respect du confinement. ***«Je fais confiance aux français pour que nous n'ayons pas besoin de mettre en place ces systèmes qui atteignent la liberté individuelle de chacun»,***

a expliqué le ministre sur France 2 à propos du traçage numérique, également nommé backtracking. Christophe Castaner a toutefois rappelé qu'un *«groupe d'experts a fait un diagnostic de tout ce qui se passait dans les pays étrangers».* Emmanuel Macron a en effet installé mardi, un Comité analyse recherche et expertise (care) chargé de ***«conseiller le gouvernement pour ce qui concerne les programmes et la doctrine relatifs aux traitements, aux tests et aux pratiques de backtracking qui permettent d'identifier les personnes en contact avec celles infectées par le virus Covid-19»,*** selon l'Elysée.

Dans plusieurs pays, les données de géolocalisation sont utilisées dans la lutte contre la pandémie pour suivre les déplacements des personnes de façon globale, voire dans certains cas de façon individuelle. D'ores et déjà, il existe des projets en France d'utilisation de données de géolocalisation des téléphones portables.

Source : Agence France Presse. 20 minutes

A savoir que le réseau Orange a montré, au journal de 20h00 du 27 mars, un traçage effectué grandeur nature en notant le déplacement des populations en France !
Sujet largement abordé dans mon livre en parallèle des puces et nano-composants implantables dans l'être humain. La vaccination obligatoire, qui se profile à l'horizon, devenant la «cerise sur le gâteau» d'un ensemble de dispositifs micro-biologiques vous permettant d'acquérir, très bientôt si vous l'acceptez, le statut officiel d'esclave mouton décérébré de la république ayant perdu son âme ! Et ce n'est pas qu'une image….Rassurez-vous, vous n'avez pas à me croire….pas tout de suite….pas encore.

28 Mars 2020

Bilan : 30652 morts dans le monde et 2314 en France

Une grande nouvelle ce jour ! Le Professeur Raoult vient définitivement d'être désavoué et son traitement (re)limité aux cas les plus graves hospitalisés et sous contrôle strict. Non pas un revirement mais simplement une information mal comprise par les médias la veille ! **En réalité, le dénigrement vis à vis du Professeur vient de se mettre en route et ne s'arrêtera pas, sauf si les gens font part de leur révolte et le traduise en masse sur les réseaux sociaux.** Des pétitions sont en ligne ainsi que les explications précises du Professeur concernant son traitement sur youtube. Au lieu de regarder en permanence les journaux et autres séries télévisées débiles, tout autant que les jeux vidéos, il serait vraiment temps de s'intéresser à vos propres vies et à ceux qui en jouent !

Vous voulez quelques chiffres concernant les résultats probants du Pr Raoult ? C'est très simple :
Protocole Macron au 28 mars :
37575 cas confirmés – 2314 décès
Protocole Raoult. IHU méditerranée. Marseille
1003 cas traités – 1 décès
Je vous laisse le soin de faire le rapport. Et soyez sûrs que cette comptabilité morbide ne m'enthousiasme pas !
Des informations pertinentes sont toujours disponibles et des témoignages nombreux de médecins sur le site : pgibertie.com et mediterranes-infection.com (Pr Raoult)

Afin de noyer le poisson et sous l'égide des grandes administrations de la Santé, un essai clinique européen baptisé *Discovery* aura pour objectif de tester 4 traitements dont 1 par l'hydroxychloroquine sur 3200 patients, dont 800 cas graves en France. **Des résultats sont attendus dans les prochaines semaines ???** C'est moi qui déraille ou quelque chose m'échappe encore ? **En quelques semaines des milliers de gens vont absolument mourir sans traitements pour éventuellement éviter un possible effet indésirable qui n'apparaît pas dans les essais du Pr Raoult sur plus de 1000 cas traités !**

Y aura t-il un jour une réaction pour faire face à une telle trahison qui porte un nom : **un crime de masse**.

Car, non seulement, rien ne va sortir de cet essai européen mais plus que cela, **il faut savoir que le protocole qui porte sur l'hydroxychloroquine du Pr Raoult est complètement tronqué et ne comprends pas l'adjonction de son antibiotique Azythromycine. De surcroît, son traitement habituel est particulièrement concluant pour contrer le virus dès les débuts de la maladie et, de fait, le test français portant sur des patients dont la pathologie est déjà trop grave et avancée, n'aboutira donc à aucun résultat. A ce stade, le virus ne sera plus du tout le problème à cause de lésions pulmonaires trop importantes et incurables. Et tout ce collège de scientifiques pourris, qui travaillent eux-mêmes pour des groupes pharmaceutiques privés produisant les médicaments inefficaces des autres protocoles, le savent très bien !** L'argent est toujours l' un des principaux leviers car, d'un autre côté, la

Chloroquine, elle, ne coûte rien ! Résultat, n'ayez aucun espoir de voir le bout du tunnel tant que des manipulateurs notoires politiques et scientifiques tiendront les rennes de votre destinée. La balle est dans le camp du peuple, encore faudrait-il que celui-ci se réveille !

Et la presse de relayer à outrance les méfaits et soi-disant empoisonnements de la méthode Raoult dans le but de noyer dans l'oeuf tout espoir dans l'esprit des populations ! Sans même vous en rendre compte un seul instant, vous êtes entré depuis longtemps dans l'une des plus inique dictature qui n'est encore jamais existée…..attention, le réveil risque d'être particulièrement brutal pour beaucoup !

Vous en voulez encore ! Aujourd'hui 28 mars, un collectif de soignants, l**e C19**, déjà à l'origine de plaintes contre Edouard Philippe et Agnès Buzyn, a réclamé vendredi au gouvernement, les contrats de commande de masques et tests de dépistage du coronavirus des trois derniers mois par l'intermédiaire de leur avocat, Me Fabrice Di Vizio.

Cette sommation porte sur les contrats et commandes de masques, quel que soit leur type ainsi que les contrats relatifs aux tests de dépistage du Covid-19 qui ont été conclus par l'État **depuis le 20 décembre**. Cette action a été intentée par 92 professionnels de santé représentant le collectif C-19 qui invoquent l'obligation faite à l'administration de publier en ligne ou de communiquer les documents qu'elle détient aux personnes qui en font la demande. On dirait que la confiance n'y est plus….

Pour faire simple, les masques et autres tests arriveront, peut-être, en nombre suffisants quand la «guerre» sera

presque finie ! Un peu comme les premiers résultats faussés des protocoles que nous venons d'évoquer.
Si l'on voulait véritablement porter atteinte à la vie des gens, on ne s'y prendrai pas autrement.
Ouvrez les yeux, ces gens là ne vous veulent pas que du bien, loin de là ; tous ces retards et ce manque de transparence ne sont pas des accidents, simplement des contretemps voulus pour favoriser l'expansion du virus. Ils feront tout ce qui est en leur pouvoir pour minimiser les dégâts et passer sous silence, grâce à une presse sous contrôle, tout ce qui pourrait porter atteinte à leurs cortèges de décisions volontairement irresponsables et meurtrières.

30 Mars 2020

Bilan : 35097 morts dans le monde et 2606 en France

Aujourd'hui, la presse libre s'en donne à coeur joie. Des cas de toxicité cardiaque auraient été constatés après la prise d'hydroxychloroquine recommandée par le très controversé Pr Raoult. Nombreux effets secondaires dont des troubles cardiaques et neurologiques. Pire qu'un poison ! Il faudra poser la question des effets secondaires aux centaines de millions de patients traités à la chloroquine avant la crise et au millier de patients déjà guéris par le même Pr Raoult, à qui il n'est offert, par ailleurs, aucun droit de réponse à la télévision.
Quelle belle démocratie et liberté de la presse !

01 Avril 2020

Bilan : plus de 40000 morts dans le monde et environ 3500 en France

Ce matin, un bandeau rouge d'alerte information sur la page Google, préconisait aux gens de se méfier des infos en provenance de la famille ou d'amis qui relayaient de fausses rumeurs ou informations d'origine de soignants ou de médecins au sujet, entre-autres, de traitements contre le Covid-19 !

En clair, le message destiné aux nombreuses personnes influençables et ignorantes est le suivant : **n'écoutez aucune sources d'informations parallèles ou de provenance inconnue ou même de vos proches, ce sont des «fakes-news»**. Vous pouvez ne faire confiance qu'à l'État et à sa presse grand public libre (et sous contrôle) ! Pour résumé, le peuple est bien trop stupide pour réfléchir et vérifier par lui-même donc, il faut lui faciliter le travail en lui suggérant fortement ce qu'il doit lire et penser….et ça marche ! On pourrait appeler cela du totalitarisme soft sous forme d'un conditionnement mental subtilement étudié et accepté.

Ce type de doctrine, en forme d'arme de destruction massive, n'a qu'un seul but : **discriminer et discréditer tout individu souhaitant dénoncer des dysfonctionnements en les traitant de comploteurs. Le Pr Raoult et ceux (dont de nombreux soignants) qui le soutiennent étant les premiers objectifs à abattre.**

Je sais pertinemment que la majorité des gens ne conçoivent pas un seul instant que leurs «grands timoniers» puissent être des individus eux-mêmes influençables, corrompus voire des collaborateurs dévoués à une cause qui vous échappe. Ils défendront en permanence leur probité, leur dévotion et leur transparence totale vis à vis du peuple. Et comme le peuple mouton ne vérifie rien….

Alors, sous cet aspect, tentez simplement de poser la question à une majorité d'hommes et de femmes politiques connus quant à leur participation assidue à un cercle très secret et très fermé, appelé **Club Bilderberg**. Véritable société secrète fondée en 1954 par le très richissime Rockefeller, et qui voit défiler depuis cette date, et chaque année, des centaines de politiques, banquiers, scientifiques, grands industriels, grandes fortunes, services de renseignements, personnalités militaires, grands médias publics et mêmes Cardinaux du Vatican corrompus et cela en provenance des pays les plus riches du monde. Les listes des invités et des thèmes abordés sont mêmes publiés à chaque rencontre qui se déroule dans un pays différent, chaque année, et dans un grand hôtel de luxe préalablement vidé de ses occupants et réservé pour l'occasion.

Comprenez que la publication de ces listes ne leur pose aucun soucis étant donné que 99 % des gens dans le monde ne s'y intéressent pas mais plus que cela, ne savent même pas que cette organisation opaque existe !

Les frais de protection consécutifs à cet événement, dont aucune publicité n'est jamais faite, restant à la charge du pays qui reçoit….c'est à dire, vous, lorsque cela se déroule en France !

Alors, il paraîtrait, sous toutes réserves bien entendu, que ces personnalités VIP, ne se rassembleraient que pour discuter de la pluie et du beau temps en buvant du Thé….enfin, c'est ce que disent les quelques traîtres qui ont dû répondre, par manque de chance, à des journalistes de ré-information parallèle ! Plus sérieusement, vous comprendrez, bien entendu, que tout ce ramassi de conspirateurs, plus ou moins conscients, ne se rencontrent que pour mettre au point des stratégies militaires, scientifiques, politiques et économiques que vous n'avez pas à connaître, dans l'unique but de faire avancer les objectifs de leurs «grands chefs». **En retour, la confidentialité la plus extrême est demandée aux participants y compris les grands médias «libres» invités.**

Etrangement, un des sujets abordé il y a deux ans, était intitulé : **le monde «post-vérité»**. Maintenant vous ne pourrez plus dire que vous ne saviez pas que, jusqu'à maintenant, vous viviez dans le mensonge ! Pour plus de précisions, demandez donc à **Macron qui y était en 2014 ou à Edouard Philippe en 2015 et 2016 (il a dû redoubler !) ou Blanquer en 2017. Une belle brochette de politiques parfaitement transparents, non ? Bien entendu je n'ai cité que les plus récents….**
Plus de détails là où vous savez !

Et bien vous pouvez trembler, car ce sont ces mêmes menteurs qui sont aux manettes aujourd'hui et qui vous demandent de leur faire absolument confiance ! Il n'y a toujours rien qui vous choque ou vous pose problème ?

Relisez donc le discours de Kennedy qui dénonce ces sociétés secrètes pleinement à l'oeuvre en ces jours difficiles. Vous faut-il un dessin pour enfin réagir et commencer à penser par vous-mêmes ?

02 Avril 2020

Bilan : 46616 morts dans le Monde et 4032 en France

Pour faire suite à ce que nous venons d'évoquer plus haut et afin que tout cela devienne plus clair et concret dans votre esprit, nous allons faire un point mathématique très simple de la létalité du Coronavirus à la lumière des chiffres du jour dans le monde, en France et au Pôle de traitement du Pr Raoult à Marseille. Ces chiffres très précis relevés, émanent de l'IHU Marseille-méditerranée :
Source : mediterranee-infection.com

Monde : 927 925 cas / 46 616 décès
Soi **5 %** de mortalité

France : 57 000 cas / 4032 décès. Protocole Macron
Soit **7 %** de mortalité

Pr Raoult : 2837 cas / 22 décès. Protocole normal
Soit **0,8 %** de mortalité
1677 cas / 2 décès. Protocole Raoult
Soit **0,12 %** de mortalité

Total : 2837+1677= 4514 cas / 24 décès. Protocoles réunis
Soit 0,55 % de mortalité ce qui est inférieur au taux de mortalité d'une simple grippe saisonnière

Moralité, il fait bon vivre à Marseille !

A savoir que, journellement, est envoyé au Ministère de la Santé un compte-rendu précis des résultats de l'IHU de Marseille. C'est à dire que chaque jour qui passe voit la négation de l'État au regard de résultats fantastiquement positifs réalisés par le plus éminent professeur français en infectiologie et malgré tout dénigrés ! En parallèle, des centaines de morts s'accumulent….Lorsque la vérité va sortir, **parce qu'elle devra obligatoirement sortir un jour,** des têtes vont devoir répondre mais plus que cela, elles risquent de tomber en faisant beaucoup de dégats ! Vous comprendrez bien que les gens fatigués et horrifiés vont demander des comptes à un moment donné et risquent d'aller chercher les responsables là où il se trouvent. On sait ce que donnent les Gaulois en colère !
Bien entendu vous pouvez encore retrouver ces chiffres sur le site précédemment nommé. Il suffit juste de savoir lire et faire des pourcentages !

Ainsi, à la lecture de cet évident panorama qui va encore s'aggraver, vous pouvez, avec justesse, vous demandez les raisons d'une pareille incompétence qui frôle la stupidité la plus folle. Qu'est ce qui pourrait bien faire que certains politiques paraissent à ce point aveugles ?

Je vous répondrais juste qu'ils ne sont pas aveugles mais obéissent aveuglément à certaines «entités» qui les «contrôlent», ce qui n'est pas pareil ! Au sein du monde politique, la soumission à certaines élites, principalement financières, est un fait accompli depuis longtemps étant donné que la politique traditionnelle nationale n'a plus les moyens budgétaires afin de mener une gouvernance indépendante et choisie. Pour faire simple, tous les pays de la planète ont été acheté par une dette abyssale qu'ils ont contracté outrageusement depuis des dizaines d'années auprès des «généreux» grands financiers privés qui, eux, possèdent maintenant la quasi totalité des richesses mondiales et, par ce biais, tous les leviers nécessaires à leurs actions néfastes.

Georges Pompidou, ex-Président français et ex-Directeur de la banque Rothschild fut le premier, à partir de 1973 et sans l'accord du peuple, à donner ce coup d'envoi criminel en déconnectant la Banque de France (qui prêtait sans intérêts) de la création monétaire de l' Etat. Par la suite, tous les emprunts passèrent ainsi sous le contrôle des grandes banques privées avec des taux d'intérêts qui précipitèrent l'évolution astronomique d'une dette devenue incontrôlable. Avec Macron au pouvoir, ex-banquier Rothschild lui aussi, il semblerait bien que celui-ci soit le digne héritier d'une ancienne stratégie criminelle achevant ici son œuvre ...

La force suprême de cette petite clique de banquiers et d'élites, qui avancent masqués, se joue sur le fait qu'ils n'ont de loyauté envers aucune des nations de la Terre. Leur seule ambition est un pouvoir total et sans partage avec pour unique objectif : l'arrivée au sommet du monde de leur «maître» absolu que l'on pourrait qualifier d'entité représentant, à elle seule, ce qu'il y a de pire en l'homme. Ce qui pourra faire très mal…vous en conviendrez !

Donc, grâce à ce résumé révélateur, quels seraient les événements perturbants recherchés et cachés derrière cette pandémie artificielle ?
Et bien très logiquement, **le contrôle des peuples par le biais de la vaccination** et **l'écroulement économique et financier total planétaire, donc la fin de cette civilisation telle que nous la connaissons aujourd'hui !** C'est ce qu'ils nomment ouvertement **le Grand Reset** qui installera définitivement leur Nouvel Ordre Mondial totalitaire. Si dur à croire ?

Croyez-vous raisonnablement que nous allons ressortir indemne d'un tel cataclysme pire que la pire des dépressions passées ? D'une économie moribonde, avant, doublée d'une pauvreté toujours plus marquée, vous pensez vraiment qu'avec des dizaines de millions de chômeurs supplémentaires à travers le monde, des centaines de milliers d'entreprises en faillite, la situation va être meilleure ou au pire revenir tranquillement à la normale ? Je vous l'annonce, ce ne sont pas des milliers de milliards de dollars d'écritures informatiques virtuelles mal réparties qui feront repartir une machine déjà grippée ! Et c'est comme d'habitude l'homme et l'entrepreneur simple qui vont, une nouvelle fois, devoir souffrir face à de fausses promesses non tenues et intenables.

Les hommes qui ont eu la patiente de créer ce scénario inique ne le tiennent pas d'hier mais plus que cela, ils en avaient rédigé l'histoire depuis fort longtemps et dans un document systématiquement réfuté mais pour autant très réel : **les protocoles «dits de Sion»**. Je ne suis pas ici pour vous raconter cette histoire que vous pourrez retrouver en intégralité dans mon premier livre *La conspiration des élites*. Mais juste vous citer quelques passages insolites écrits vers 1784 par les illuminati de Bavières :

«Nous avons devant nous un plan sur lequel est tiré une ligne stratégique dont nous ne pouvons nous écarter sans détruire l'oeuvre des siècles passés.»
«Nous créerons à la fin, une dernière <u>grande crise économique universelle par tous les moyens détournés possibles et à l'aide de l'or</u> qui est presque entièrement entre nos mains. »
«Quand viendra pour nous le moment de couronner notre «Maître du monde», nous veillerons à ce que, par les mêmes moyens- <u>c'est à dire nous servant de la populace-</u> nous détruisions tout ce qui serait un obstacle sur notre route.»

Convenez tout de même que la situation actuelle aurait tendance à vouloir s'orienter dangereusement vers ce scénario catastrophique et prémédité à venir !

A ce stade, je ne vous demanderai toujours pas une quelconque adhésion ni de me faire aveuglément confiance mais juste de garder tout cela dans un recoin de votre mémoire afin de pouvoir réagir, le moment venu, lorsque la situation sera à ce point si dramatique, et vous retrouvant démunis, les deux genoux à terre, vous vous interrogiez enfin sur vous-mêmes afin de comprendre en conscience cette redoutable menace. Ce sera votre seule arme, mais assurément celle qui pourrait vous sortir de ce piège.

Vous savez où aller chercher l'information, elle se situera dans le chapitre 12 du livre *La conspiration des élites*...

Comme le disent certains, il y aura un avant et un après mais le mieux pour vous serait de savoir l'anticiper au maximum afin de faire, au plus tôt, le bon choix pour votre avenir....

03 Avril 2020

Bilan France : 52 721 morts
Résultats Pr Raoult : 3005 patients. Traitement standard
                              33 décès soit 1,1 % de létalité
                              1818 patients. Traitement Raoult
                              8 décès soit 0,28 % de létalité
Total Raoult : 3005+1818= 4823 cas traités / 41 décès
    Soit 0,85 % de mortalité contre 7 % Macron
Je m'excuse pour ce décompte macabre systématique qui met en avant des êtres humains que l'on sacrifie. Mais si j'en passe par ces chiffres, c'est pour vous faire comprendre que si l'homme avait hurlé son opposition dès le début, nous n'en serions pas là !

Aujourd'hui le massacre continue en France et dans les EHPAD avec la plus grande bienveillance de nos politiciens qui ne testent aucun des résidents pour ne pas avoir à les séparer en cas de positivité. Les chiffres sont là pour parler et un grand nombre de pétitions, dont des collectifs de médecins, circulent en ligne afin de stopper

cette dérive barbare en demandant au gouvernement de mettre en action immédiatement le protocole du Pr Raoult. Certains médecins assurent même que cela finira devant les tribunaux et que le résultat risque d'être saignant !
Source : petition-chloroquine.fr

Les médias sont totalement complices de cette folie et je ne cesse d'envoyer des mails à certains journalistes de quotidiens qui restent absolument sourds face aux évidences et aux risquent qu'ils encourent face à leur immobilisme et leur compromission. Les écrits restent et ils devront en répondre !

Même si vous n'en entendez pas parler, les persécutions vont bon train puisque le contenu de certains comptes facebook ont été bloqués et censurés pour trois mois pour avoir critiqué la gestion de la crise du coronavirus ! La routine quoi…. Oui mais ça, on ne vous le dira pas au journal de 20H00.
Source ; pgibertie.com

04 Avril 2020

Bilan Etas-Unis : 273880 cas/ 7087 morts
Soit **2,55 % de létalité**
Bilan France : 82165 cas / 6507 morts
Soit **8 % de létalité**

    La presse annonce une catastrophe sanitaire aux Etas-Unis avec une mortalité importante, mais rapportée aux nombre de cas, on s'aperçoit clairement que le rapport est, pour l'instant, largement en leur faveur ! Tel que Trump l'avait annoncé, ils appliquent en partie le protocole chloroquine. Ne jetez pas trop la pierre vers cet homme là car, même si son comportement semble parfois volontairement provocateur et abusif, il sera un personnage important dans la voie de la divulgation d'informations sensibles et de secrets qui précipiteront la chute de nombre de personnalités corrompues à travers le monde. Je suis sûr que vous ne l'avez pas relevé, mais j'ai aussi noté deux commentaires singuliers de sa part au sujet du coronavirus et relayés dans la presse. Je vous les cite tous deux :
« *Vous verrez, après ce sera merveilleux...*»
« *Nous allons voir la lumière au bout du tunnel.*»
Ne criez pas trop avec les loups contre cet homme, il pourrait à terme en surprendre plus d'un….
Plus de précisions dans les derniers chapitres de *La conspiration des élites.*
 Toujours aucune réponse de quotidiens qui ne transmettent toujours pas à l'intérieur de leurs colonnes, dans un soucis de transparence et d'information, les résultats journaliers

positifs du Pr Raoult. Ils auront du mal à justifier cette collaboration criminelle !

Autre annonce gouvernementale, ce jour, en «faveur» des entreprises qui pourront bénéficier du report de leurs charges. Quel cadeau ! Non seulement la majorité de ces entreprises ne pourront jamais rattrapé le manque à gagner, devront redémarrer au ralenti, si elles redémarrent, et devront de plus s'acquitter de leurs charges passées, présentes et à venir…. Je crains que cela ne suffise pas !

In fine, qui va donc profiter de ces centaines de milliards d'euros à réinjecter dans l'économie française et européenne ? Banques, grandes entreprises du CAC 40 ?

05 Avril 2020

Bilan : Monde : 1 200 671 cas / 64 774 décès
   France : 90 848 cas / 7574 décès. 8,25 % de létalité
   Marseille : 5411 cas / 34 décès. Protocole standard
      Soit 0,65 % de létalité
      1962 cas / 7 décès. Protocole Raoult
      Soit 0,35 % de létalité
   Total général Marseille : 7373 cas / 41 décès
   Soit 0,57 % de létalité contre **8,25 % Macron**

Aujourd'hui, il devient presque indécent d'établir un tel bilan morbide d'autant plus lorsque les chiffres du Pr Raoult, comme vous pouvez le constater, sont au-dessous de la létalité d'une grippe saisonnière (environ 1%). Si des être corrompus n'étaient pas au pouvoir et si les conseils et traitements de Raoult avaient été instaurés dès le début et dès les premiers symptômes, il n'y aurait même pas eu de confinement. Il n'y a rien à rajouter sur ces données. Si vous n'êtes pas capables de voir clair à partir de ceux-ci, il n'y a plus rien à faire pour vous ! Car on a largement dépassé le stade du foutage de gueule !

Ah oui, dernière intox gouvernementale ! Un traitement serait envisagé à partir de transfusion de plasma sanguin à partir de personnes guéries du Covid-19 vers des patients… **en phase aiguë de la maladie !!!** Démarrage essais cliniques le mardi 7 avril. A partir du moment où en phase aiguë les poumons sont impactés d'une manière irréversible, autant dire que c'est comme donné de la chloroquine à un patient : c'est déjà trop tard !

Petit subterfuge destiné aux ignorants afin de les faire patienter jusqu'au plat de résistance….

08 Avril 2020

Bilan : France : 98959 cas / 8185 décès.
   Soit 10,5 % de létalité
   Pr Raoult : 2187 cas / 10 décès.
   Soit 0,46 % de létalité

   J'estime sincèrement qu'il va devenir inutile de vous soumettre encore et encore des chiffres douloureux gonflant systématiquement en proportion et qui ne feront que mettre en lumière la volonté manifeste de nos politiciens véreux d'attenter à la vie des gens. Cela est certainement toujours aussi dur à admettre pour vous, mais à un moment donné, il faudra cesser d'être naïf car consécutivement, c'est l'homme par son propre immobilisme qui deviendra également un poids mort pour l'évolution de sa société ! Pensez-y !
   Pour faire écho à ce que je viens de rapporter, il faut savoir que le protocole *Discovery,* destiné, à l'échelle européenne, à tester plusieurs protocoles dont celui à la chloroquine (mais différent de celui du Pr Raoult), a été repoussé de 15 jour ! Bien entendu, vous conviendrez avec moi que rien ne justifie qu'il y ait une quelconque urgence dans la situation actuelle !!!
Source : Midi Libre du 07 mars.
   A la lecture de cet article minable qui rapportait, entre-autres, que *«l'on disposait de peu de pistes de traitement et de peu de réponses»,* je n'ai pu résister à l'envie d'incendier copieusement le Rédacteur en chef du journal

ainsi que la journaliste (ou plutôt fonctionnaire de l'information propagandiste de l'État, tel que je les ai nommés…) en les traitant aussi, pour faire court, de collaborateurs asservis ayant abandonné leur conscience. Vous savez, lorsque vous traînez quelqu'un dans la me…et que cette même personne juge en toute bonne conscience que c'est parfaitement injuste, elle renvoie systématiquement «la balle». Et bien ici, le résultat est un silence assourdissant devant les évidences.

La non réponse reste forcément un aveu et ce n'est pas la première fois que je le constate...Une presse qui n'est pas libre, ça vous ferait penser à quoi ? Il n'y a forcément que lorsque l'on s'engage dans un tel combat que l'on parvient à démasquer son adversaire. De votre position, vous ne faites que subir alors consécutivement, posez-vous honnêtement la question : **ne suis-je pas moi aussi un bon gros mouton ! Elle réponds quoi votre conscience ?**

Je suis dur ? Je sais, mais je vous avais prévenu….

10 Avril 2020

Hier, le loup Macron est sorti de sa tanière et a fait la «tournée des popotes» des principaux chercheurs ! La pression monte dans une partie du corps médical «réveillé» et les pétitions qui les soutiennent. Il est donc temps pour lui de donner le change et de rendre visite, entre-autres, au Pr Raoult afin d'endiguer cette montée de l'indignation.

Il va tenter par tous les moyens, malgré les 12 000 morts au compteur sacrifiés sur l'autel de la complaisance et de l'immobilisme, de se sortir de ce piège en se faisant passer pour «le sauveur» en désignant, peut-être un jour, le gagnant du protocole miracle. Pas sûr que ça fonctionne, c'est juste un peu tard ! Mais grâce à la foule d'ignorants et de moutons stupides sur lesquels il peut compter, il a encore malheureusement toutes ses chances….

Un conseil à adopter à tout prix concernant les temps difficiles à venir : **méfiez-vous du loup se parant de l'innocence de l'agneau….** On en reparlera !

Pour information et tiré d'un article de presse «autorisé», ce jour, suite à la visite de Macron, voici ce que disait le Pr Raoult de la désinformation au sujet de ce virus :

«Je défends le principe de réalité, antithèse d'une médecine de bureau….une molécule ancienne qui a été prescrite des milliards de fois et à laquelle le virus est sensible. Il y a un mois, on délivrait l'hydroxychloriquine sans ordonnances, et les gens qui le prenaient pour voyager en Afrique (contre le paludisme) *ne faisaient pas un électrocardiogramme avant….**Les gens sont devenus***

fous de dire qu'on est face à un des médicaments les plus dangereux du monde. Je ne pouvais pas imaginer que ça déclencherait une polémique de cette nature. ***C'est juste une opposition entre des médecins, et des gens qui ont fini d'être des médecins ou qui n'en sont pas.*** Il s'est creusé un fossé entre la pratique médicale et la recherche. ***Chaque fois que vous voyez un malade, ce n'est pas un objet de recherche, l'objectif, <u>c'est de soigner</u>.»***

Voilà le discours d'un homme sage et investi en conscience pour faire ce qui est la base de son métier : Soigner avec professionnalisme sans renier son serment de médecin, et continuer de le faire sans l'aval des charlatans pseudo-médecins et de leurs collaborateurs politiciens.

12 Avril 2020

Demain sera un grand jour. Notre petit roi sans gloire va prendre la parole pour nous remettre une couche d'un mois de confinement, au minimum. La partie est trop belle et son pouvoir sur les foules à son zénith ! Il nous garde au chaud son plat de résistance….

Un petit point aujourd'hui sur les décès donne la France en 4èmè position mondiale avec **202 morts par million** d'habitants. Joli score en progression permanente grâce à un traitement efficace à base de Doliprane ! Encore un petit effort pour battre l'Espagne ou la Belgique en finale….

Et les médias de se répandre sur le nombre effroyable de victimes aux Etats-Unis, pulvérisant le taux de létalité chaque jour. Sauf qu'en dépit de ces résultats, et ramenés à la population totale, les Etats-Unis sont encore loin derrière la France avec seulement **56,3 morts par million d'habitants et 3,8 %** de létalité contre environ **10 % en France !**

Vous voulez connaître les raisons d'une vague qui fera moins de dégâts aux USA qu'en France ? Et bien ce «fou furieux» de Trump, si décrié en permanence par une meute de loups avec laquelle hurlent de concert tous les ignorants de la planète, a conseillé intelligemment, et dès le début, le protocole du Pr Raoult. La Chine a fait encore mieux en le mettant en avant rapidement comme la Corée et un peu plus tard, les Pays-Bas, la Belgique, l'Italie, l'Iran, l'Inde, le Congo, le Maroc et la Roumanie….

L'Allemagne conserve aussi un faible taux de mortalité avec 2500 décès à ce jour, grâce au déploiement massif de tests de dépistage de l'ordre de 160 000 par semaine réalisés dès le mois de février et sans confinement strict ! Pauvre France sans traitements, sans masques, sans tests et sans cerveau….

Et oui, la propagande de l'État fonctionne à plein régime et s'en donne à coeur joie faisant dire aux chiffres ce qu'elle a envie de faire passer comme message. Les derniers que je viens de rapporter, à l'instant, sont tous d'origine de l'IHU de Marseille étant donné que, malgré mes recherches sur le net, n'apparaissent aucun chiffres ni rapports sur les protocoles précis adoptés par les autres pays ! C'est tout simplement ahurissant. Une censure, digne du pire des Etats totalitaires bat son plein sous l'oeil bienveillant d'une population amorphe et décérébrée. Vous voulez le fond de ma pensée : **ce n'est pas le virus ni Macron qui me terrifient le plus mais la collaboration active et inconsciente de la population.**

14 Avril 2020

C'est fait, «Dieu» a parlé hier ! Tout le monde semble rassuré de l'humanité de son discours : l'abandon des personnes âgées qui crèvent dans les EHPAD, toujours sans possibilité d'admission à l'hôpital, la future perception de son petit masque devenu inutile, un retard irrattrapable au regard de tests fiables et le vide total quant au moindre espoir de validation et mise en service d'un traitement efficace.

Alors, adieu Pr Raoult, leur objectif n'est définitivement plus de sauver des vies ! On va poursuivre le travail de sape par la peur en fragilisant toujours et encore les plus faibles. **Vous aurez par contre noté son espoir en la mise au point, espérée rapide, d'un vaccin, alors même qu'ils se perdent toujours en conjectures sur les caractéristiques de ce virus !!!**

Vous constaterez bientôt que, comme par magie et contre toute logique, le vaccin verra le jour alors qu'aucun traitement n'aura effectivement pu démontrer son efficacité. Sauf, bien entendu, celui du Pr Raoult ou d'autres, qui auraient eu le désavantage, comme effets secondaires, de pouvoir sauver trop de vies !

En parallèle, le traçage numérique va certainement sortir de l'étude afin de s'immiscer directement dans le contrôle des populations…..en toute bonne conscience, cela va de soi et sur volontariat (pour l'instant). Sachez tout de même qu'ils ont la possibilité de vous tracer et même de vous écouter à tout instant sans votre autorisation !

15 Avril 2020

Ce matin, je suis allé boire un bol de sagesse sur le site de l'IHU de Marseille du Pr Raoult (mediterranee-infection.com). Il diffuse régulièrement des vidéos sur ses travaux et ses résultats et, surtout, sur les protocoles utilisés à l'étranger et dont les médias français se gardent bien du moindre commentaire.

Pour sa part, ses résultats sont toujours aussi positifs avec 11 décès sur plus de 2600 cas traités sans le moindre effet secondaire (soit environ 0,4 % de létalité contre 0,8 % en moyenne pour une grippe saisonnière !). Mais le plus intéressant reste l'observation de la chute du nombre de contaminés à Marseille qui est passé de 360 cas journaliers positifs au coronavirus à environ 60. Avec justesse, il constate que le virus est en régression et va bientôt disparaître au grand dam des traîtres en tous genres qui refusent de voir disparaître la peur dans la population.

Il décrit même avec justesse et chiffres à l'appui, que cette épidémie n'est pas plus mortelle que d'autres virus dont celui de la grippe qui fait souvent tout autant de victimes. A ce jour, nous ne sommes, par ailleurs, pas encore parvenus au chiffre des morts de 2015 (20 000). Le bilan mondial, quant à lui, s'établissant à 126000 morts contre plus de 650 000 pour une grippe saisonnière…..

Macron ne pourra plus très longtemps rester aveugle face aux évidences des résultats. Afin d'anticiper les premiers signes de colère populaire, qu'il sent monter, il a commencé «à graisser doucement la patte» à Raoult. C'est ce qu'il a fait aujourd'hui en déclarant que le Pr Raoult était un grand scientifique et que son protocole devait être testé…..au même titre que les autres qui ne fonctionnent pas et dont vous n'entendrez jamais le moindre compte-rendu négatif.

Ce fourbe veut absolument garder la main en se faisant passer pour l'être sage qui a déjà sacrifié plus de 15800 vies sans aucun traitement **dont 5600 dans les seuls EPHAD !**

La pression doit être maintenue à tout prix sur les populations et, à ce titre, l'arrivée d'une seconde vague (à laquelle on semble bizarrement nous préparer déjà...), tout aussi surévaluée ou artificielle que la précédente et pouvant faire croire à une résurgence naturelle (ou les deux à la fois), est une arme toujours à leur disposition !

Mais ce confinement ne pourra pas être supporté encore et encore par la population. La fatigue psychique autant que la privation de vérité et de liberté, devenant intolérable, va finir par pousser les gens exténués des couches sociales les plus pauvres dans la rue. Souvenez-vous qu'à terme, c'est ce qui pourrait être attendu par les «hautes castes» des grands manipulateurs mondiaux. Le chaos, par l'intermédiaire de la «populace», fait aussi partie intégrante de la suite de leur plan.

18 Avril 2020

Depuis hier, la loi de la diversion a débuté son œuvre de «destruction». Plusieurs pays, dont la France, s'en prennent directement à la Chine pour dissimulation de mortalité liée au coronavirus. Subtile subterfuge afin de dévier la responsabilité de l'impréparation générale à cause d'un pays qui aurait minimisé les dangers ! Quand bien même la chine aurait «oubliée» quelques milliers de morts, cela n'enlève rien à la gestion désastreuse de la France et à la volonté persistante et criminelle des pouvoirs de ne pas avoir autorisé, dès le début, des tests fiables à grande échelle et le protocole du Pr Raoult.

Ainsi, ce discours étant, comme d'habitude, destiné aux populations endormies, on peut en attendre un franc succès ! Mais ce n'est pas tout….

En effet, et tel que je vous l'avais déjà précisé auparavant, certains Etats (USA, GB) soupçonnent aussi la Chine d'avoir laissé s'échapper «malencontreusement» le patient 0 infecté par le Covid-19 du laboratoire P4 Franco-chinois (et oui!) de Wuhan, spécialisé dans l'étude des coronavirus et maintenant dans la course mondiale au vaccin contre ce même coronavirus….ça vous tente toujours le vaccin ?

Voilà qui risque de donner un os supplémentaire à ronger aux médias qui se contenteront d'épiloguer sur cet «accident» possible. Pendant ce temps, on parlera un peu moins des choses qui fâchent….

20 Avril 2020

Quelques chiffres du jour concernant la progression du coronavirus aux USA et en France et les résultats comparés au protocole du Pr Raoult.

- **USA :** 759 000 cas. 41 379 morts soit **125**/ million d'ha
  Soit environ **5,5 %** de létalité

- France : 154 097 cas. 19744 morts soit **302,5**/million d'ha
  Soit environ **13 %** de létalité

- **Pr Raoult** : 2970 cas. 12 morts. Soit **0,4 %** de létalité

Moralité, cherchez par vous-mêmes «l'entité» la plus criminelle dans ce panel !
Source : IHU mediterranee-infection.com

Hier nous avons pu assister, en direct sur TF1, au point presse du premier sinistre et de l'irresponsable française du projet *Discovery* européen, le Pr Florence Ader, infectiologue de non notoriété internationale.

Je passe rapidement sur les résultats de l'expérimentation en cours, étant donné qu'elle n'en a fourni aucun ! Il faudra encore attendre que le protocole réponde parfaitement aux bonnes procédures et critères en vigueur et dans le cadre d'une évaluation précise avant de pouvoir être validé par les autorités compétentes en la matière…..bla,bla,bla…..

En attendant, 8 000 décès dans les EHPAD sur les 19700 comptabilisés à ce jour. Je confirme, ce sont bien les plus âgés et enfermés qui trépassent !

Mais, rassurez-vous, nous pouvons absolument compter sur leur bienveillance car l'Institut Pasteur semble bien mettre «le paquet» sur un vaccin déjà testé sur l'homme (c'est ce qui apparaissait sur un tableau lors de la conférence) pour une accélération attendue dès cet été.

Alors, paradoxalement on nous met en garde en permanence sur les inconnues de ce virus et pourtant ce vaccin paraîtrait suivre une expérimentation déjà prometteuse ! Sans pour cela être virologue, il faudra m'expliquer....Second paradoxe, l'Etat a laissé volontairement mourir, pour l'instant et dans l'indifférence, près de 20 000 personnes sans même leur donner auparavant l'opportunité ou l'espoir de bénéficier d'un traitement validé par des résultats probants du Pr Raoult.

Et là, d'un seul coup, le vaccin nous serait promis comme l'aboutissement de leurs meilleures préoccupations et sentiments de compassion envers nous après cette première hécatombe obtenue à grands coups de Doliprane ?
Vous saisissez ou pas ?

Souvenez-vous, de surcroît, que ce vaccin, depuis le début de l'épidémie, n'était pas censé être développé efficacement, avant 1 ou 2 ans ! Ne vous avais-je pas dit qu'ils seraient capables de nous le servir sur un plateau bien avant la fin de ce créneau de temps ?

S'il vous reste encore un peu de bon sens et de discernement, il sera utile de les appliquer à une probable obligation vaccinale à laquelle vous risquez d' être confrontés dans les quelques tous petits mois à venir : accepter ou refuser. Oui ou Non. **Blanc ou Noir**. Vous me suivez toujours....pour plus de précisions....

29 Avril au 03 Mai 2020

Depuis bientôt deux mois et des milliers de morts, aucun résultats d'un traitement curatif n'a encore vu le jour. Et je peux vous affirmer qu'ils n'en sortiront aucun d'efficace. Il faut absolument que le vaccin, qu'ils nous mijotent en coulisse, devienne notre seul espoir. Pourtant, de simples médecins généralistes ont lancé sur le net les résultats concluants de protocoles (antibiotiques utilisés couramment par n'importe quel médecin traitant) testés sur des cas graves et âgés atteints du covid -19. Tous guéris en quelques jours ! Ils ont été priés de retirer leurs publications sous les menaces du conseil de l'ordre. (voir sur pgibertie.com)

En effet, l'hydroxychloroquine et l'azitromycine, ainsi que d'autres bithérapies prometteuses contre le covid-19, comme les antibiotiques macrolides et les C3G, subissent un blocage gouvernemental. Les malades sont laissés sans soins et sans espoir et des hommes et des femmes meurent encore chaque jour. **La prescription de ces traitements au bon moment est empêchée puisqu'ils sont prohibés avant hospitalisation, empêchant ainsi les médecins de ville de prévenir l'aggravation de la maladie. Un véto illégal et criminel.**

Quant au Professeur Raoult, lui aussi menacé, c'est le black-out total sur la poursuite fructueuse de son traitement administré dès les premiers symptômes. Plus de 100 000 tests réalisés et aucun malades parmi son équipe de soignants !

Bilan : 3164 cas traités pour 15 morts à ce jour !
Soit **0,5 %** de létalité
Bilan France : 128 339 cas / 24000 morts
Soit **18,5 %** de létalité et 350 morts / million

Cela grâce à un traitement à base de Doliprane à prendre chez soi dès les premiers symptômes. <u>**Surtout, restez chez vous !**</u> Ensuite, appelez le 15 dès que les symptômes s'aggravent. Vous connaissez la suite désastreuse….

4ème rang mondial ! Un crime de masse sous vos yeux ! Croyez-vous qu'il faille être médecin pour constater pareille aberration ? Tous les pays (59%) utilisant de la chloroquine, dès le début des symptômes, ont des résultats fantastiques dont Monaco (eh oui!), Israël, la Turquie et surtout la Grèce avec 12 morts par million d'habitants ! Quant aux USA, malgré le record de victimes, ils font encore bien mieux que la France avec 165 morts par million d'habitants.

Et pourtant, qui a défendu le Pr Raoult quand il aurait fallu une vague d'indignation ? Qui s'est penché un seul instant sur ses résultats positifs disponibles en ligne tous les jours sur son site de l'IHU Marseille ? Qui a écouté les quelques vidéos dans lesquelles il expliquait clairement sa méthode ? **Qui a seulement compris qu'il s'agissait du N°1 français en infectiologie et classé aussi au premier rang mondial ?** Qui n'a pas entendu ou lu que l'Armée française avait acheté un stock d'hydroxychloroquine en avril par précaution ? **Qui a signé les quelques pétitions qui circulaient et qui auraient pu sauver des milliers de vies si elles avaient été massives ?**

Qui peut dire qu'il n'avait pas tout le temps disponible pour s'informer ?
Et enfin, qui s'est seulement préoccupé sérieusement de sa santé et de celle des autres ?
Vous voulez une réponse précise ? A peine un peu plus de 900 000 personnes ! C'est impardonnable !
Soit seulement 1,5 % de gens qui écoutent, qui lisent, qui cherchent, qui pensent, qui comparent et qui trouvent !
Il n'est pas nécessaire d'être scientifique pour apprécier les résultats d'un véritable spécialiste en infectiologie disant qu'il faut tester, séparer et traiter un malade dès les premiers symptômes. Cela avec un produit connu et aussi utilisé que l'aspirine, sans effets secondaires, disponible depuis toujours en pharmacie et prescrit des milliards de fois par tout le corps médical planétaire….mais subitement interdit en France et à tous les praticiens depuis deux mois alors qu'il fonctionne et a toujours été parfaitement inoffensif !
Et grâce au simple doute avancé criminellement par «le haut conseil médical», une immense majorité de français «anesthésiés» tombent dans le panneau et acceptent stupidement qu' il vaut mieux prendre du Doliprane et laisser s'aggraver le mal jusqu'au décès !
Qu'il vaut mieux ne pas tester systématiquement et ne pas séparer les personnes âgées touchées en EHPAD afin de pouvoir les laisser «infuser» le virus entre-eux !
En résumé, il est nécessaire d'admettre qu' il y aura eu près de 60 millions de collaborateurs inconscients. Vous comprendrez bien qu'à une telle échelle, il s'agit là d'une acceptation gratuite et irresponsable ! **Imaginez un seul**

instant que 30 millions de personnes aient eu l'intelligence de faire remonter leur indignation, pensez-vous que l'exécutif aurait pu l'ignorer longtemps ?

Si je «bouscule» les plus sceptiques d'entre-vous, comprenez que c'est pour vous faire comprendre, une bonne fois pour toutes, que **vous êtes gouvernés par des manipulateurs et des psychopathes corrompus et qu'ils sont en train de se révéler au grand jour !**

Pour preuve, et dans le but de vous rassurer sur le fait que je ne suis pas le seul «illuminé» à imaginer le mal partout, sachez qu'un groupement d'avocats du Barreau de Paris, des professionnels rompus dans l'art du combat du «pot de fer contre le pot de terre», sont en train de rassembler une masse de signatures afin d'intenter, dès que possible, un procès à l'État contre leurs agissements criminels. Rien que ça ! **A la date de ma propre signature, le 03 mai, il y avait déjà plus de 23000 «volontaires» pour mener ce combat.**

Inutile de préciser qu'ils sont déjà directement menacés et dénigrés devant le succès de leur entreprise. Comme ils le disent eux-mêmes, c'est bon signe ! Si le courage vous en dit voir sur : **noublionsrien.fr**

Le difficile constat de ce canular reste que ce ne sont pas les quelques illuminés qui aboient leurs ordres qui sont les plus dangereux, mais l'incroyable troupeau de moutons qui se soumet avec complaisance en attendant sagement de passer par l'abattoir ! Que certains l'acceptent ou pas n'est pas mon soucis, **j'affirme catégoriquement qu'il s'agit d'une participation coupable à un crime de masse car** personne, je dis bien personne ne peut se dédouaner de ne pas avoir un minimum de bon sens ni le temps et la possibilité de s'informer auprès de médias parallèles et auprès de sources médicales diverses, sûres et officielles, tel que l'IHU Marseille de notoriété mondiale.

Toute la problématique et les «mystères» non résolus de nos sociétés sont résumés ici, dans **cet acte I de l'écroulement final planétaire**. Il apparaît clairement que notre existence dans notre monde de «matière terrestre» révèle douloureusement un aperçu fondamental : c'est que la majorité des hommes sont endormis, que leur caractère devient corrompu et que leur esprit, au fil du temps, a perdu toute sa clarté et son bon sens.

Et voici, sommairement résumé, la source de cet écroulement individuel.

L'étude de l'esprit et du mental a toujours été prohibé par la science qui rejette tout ce qui n'est pas mesurable dans l'univers physique. **La science est la religion de la matière.** Elle rend un culte à la matière. Ainsi, Dieu n'existe plus et il n'existe aucune loi en-dehors de la leur. Dès lors, **le paradigme de la science est que la création est tout et que le créateur n'est rien**. A contrario, **la religion dogmatique prétend que le Créateur est tout et que la création n'est rien.**

Ces deux extrêmes sont les barreaux de la même cellule et empêchent l'homme d'observer la totalité du phénomène comme un ensemble interactif.

De fait, l'endoctrinement matérialiste et athéiste maintenu avec force par les gouvernements est très simple : si les hommes comprenaient mieux leur nature originelle alors ils comprendraient mieux la portée de leurs actes, ainsi, leurs priorités changeraient. La maturité dans la compréhension de certaines choses les pousserait à devenir plus responsables face à leur vie en ayant plus de liberté de penser. L'intérêt pour les choses matérielles diminuerait drastiquement et le capitalisme se serait déjà effondré. **Il y aurait alors eu un renouveau de la société entière.**

Et c'est bien ici la seule chose qui a, bien entendu et de tous temps, effrayé les puissants de ce monde.

Dès lors, seuls ceux qui ont ouvert leur conscience, qui sont doués de bon sens et disposent d'une bonne capacité de discernement, perçoivent les signaux de la pente dangereuse sur laquelle se trouve l'humanité et peuvent ainsi lutter pour tenter de lui donner un nouveau cours et une nouvelle orientation.

Là se situe la lutte terrible que très peu de gens perçoivent !

A l'heure où j'écris ces lignes, je suis las de constater, qu'une nouvelle fois, la réaction populaire aura été une catastrophe affligeante. La plupart des gens endormis ont été tellement abusés par une peur disproportionnée par rapport à la réalité du terrain qu'ils ont intégré mentalement et physiquement, sans sourciller, une séparation sociale dramatique qui ne les quittera plus.

J'en terminerai ainsi avec cet **acte I** auquel il n'est plus nécessaire de rajouter indéfiniment des chiffres de mortalité tout aussi catastrophiques que l'absence de volonté de traitement, d'application de tests fiables insuffisants et tardifs ainsi que de masques aussi mal répartis arrivant toujours à minima **à la fin de la «bataille»**. Et puis, comble de l'hypocrisie et de la mystification la plus sordide, nous apprenons depuis début Mai, que le gouvernement compte ouvrir une page sur son site officiel destiné a présenter des articles de journaux et magazines déclarés «anti-fakes news» ! En clair, nous faisons le tri pour vous ! Venez et lisez la bonne parole. La vérité est ici ! Des journalistes se sont tout de même dits scandalisés d'une initiative aberrante parfaitement incompatible avec une quelconque prérogative politique dans ce domaine. Cette simple volonté gouvernementale inqualifiable démontre, on ne peut mieux, cette ambition permanente et assassine de contrôle absolu de l'information…. à moins d'être sourd et aveugle, bien entendu !

A ce titre, j'adresse à présent un ultime avertissement bienveillant à tous ceux d'entre-vous qui se contentaient jusqu'à maintenant, et égoïstement, de regarder passivement couler le bateau sur lequel nous sommes encore **TOUS** embarqués :

«Après une probable courte pose liée au démarrage d'un déconfinement très progressif, comprenez que le monde que vous continuerez de créer restera à votre image si vous ne changez rien à votre perception des choses. Les manipulations et les catastrophes planétaires vont s'enchaîner progressivement vers un niveau pouvant atteindre un degré de terreur insoupçonné et inédit mais toujours proportionnel au niveau d'ouverture de la conscience mondiale. Essayez de le percevoir à présent. Il ne tiendra qu'à vous de savoir réagir avec sagesse et

discernement à l'heure de ces événements relativement proches. La suite de votre lecture vous offrira les meilleures chances d'avancement dans la meilleure direction possible pour vous et pour la société dans laquelle nous évoluons tous. Comprenez que votre responsabilité personnelle reste entière et que si vous deviez, in fine, persister dans le déni, sachez, malheureusement, que votre «finalité», elle, ne sera pas négociable.»

A voir sur youtube, une conférence réunissant 4 lanceurs d'alerte sur le sujet : alerte à la santé, alerte à la liberté :
Youtube.com/watch?v=m_s80n6EYy9 .05/05/2020
Il s'agit de 4 personnes emblématiques par leur longue expérience dans les domaines évoqués :
- Jean-Jacques Crèvecoeur/ Dr Tal Schaller/ Sylvano Trotta et Thierry Casasnovas

Matérialisation d'une vaccination programmée

Afin de pouvoir vous amener vers une réflexion bien plus circonstanciée et factuelle construite sur des éléments tangibles et vérifiables, j'ai rassemblé des éléments plus que troublants qui dénotent le suivi d'une espèce de «feuille de route» construite et préméditée par certaines élites de haut rang en vue d'une acceptation «idéale» des populations au regard d'un vaccin contre le coronavirus.

En effet, il apparaît clairement que la tactique de la «guerre éclair» employée pour susciter l'effroi et l'adhésion à la peur sans limites, porte ses fruits. Les individus sont en demande croissante de protections, de distanciation sociale et de tests. Chacun, là où il se trouve en France, en fait l'expérience chaque jour. On ne se touche plus, on se parle à distance, on va le moins possible dans les magasins, on se méfie du type sans masque, sans gants et les gens évitent le moindre «attroupement». Moins le virus est présent, plus la psychose s'installe ! Et c'est à partir d'ici qu'il faut apprécier avec justesse la gestion et l'analyse savante de cette psyché humaine pour la suite des événements.

Effectivement, les gens se sont déjà fait à l'idée qu'ils ne retrouveraient pas leur vie d'avant, d'une part parce que leurs dirigeants le leur ont martelé, également parce qu'aucun traitement ne voit le jour (volontairement) et d'autre part, par la promesse d'une nouvelle vague de contamination ! Mais alors, quel espoir pour l'avenir ?

On peut considérer deux phases d'actions principales pour «rassurer» les population de la plus inique des façons.

La première, qui est déjà opérationnelle, consiste en un **backtracking** déjà évoqué précédemment, par le biais de votre smartphone en téléchargeant l'application covid dédiée à cet effet. **Cette première phase opérationnelle se fait, très judicieusement, sans contrainte et au bon vouloir de chacun. Surtout ne pas choquer au démarrage….**

Le principe d'action va consister en **des tests de dépistages plus ciblés,** (arrivés enfin à point nommés !) **d'une efficacité plus que douteuse**, qui amèneront les individus contrôlés positifs ou négatifs à être enregistrés dans une banque de données numériques. En cas de positivité, l'isolement chez soi sera de l'ordre de 14 jours (avec Doliprane !) et l'historique de la personne sera évalué afin de repérer et d'isoler également les différentes personnes rencontrées. Inutile de préciser que le «flicage» en temps réel sera de rigueur étant donné que vos moindre mouvements seront alors détectés par l'application.

Etrangement, la mise en route de ce protocole savant arrive aussi, pile poil et à point nommé, **au moment même de l'activation officielle….de la 5G ! Transmission de données plus rapides oblige ! Orange lance donc ses**

premiers forfaits en Juin et le système est d'ores et déjà actif : reseau5g.info/carte-des-antennes-5g-en-france
Et oui, vous allez comprendre que leur stratégie se dévoile chaque jour un peu plus et que la synchronicité des événements, dont l'apparition du virus, colle donc parfaitement avec les actions antérieures et postérieures de terrain, surtout celles qui apparaissaient comme incohérentes, tardives, inefficaces ou inadaptées. Pour celui qui cherche, cette vision s'éclaircit et dénote un fait très précis. **Ils sont en train de dévoiler leurs cartes, un peu comme au poker. C'est tapis ! Et ça passe ou ça casse !**

Bien entendu, une bonne partie de la populace moyenne, dépendante à souhait de sa téléphonie et «psychotiquement» soucieuse de sa santé va absolument abondée naturellement dans le sens des autorités.

Mais, bien évidemment l'histoire ne va pas s'arrêter là. Après une première mise en jambe destinée à constater **et à mesurer cette réactivité de la population**, une deuxième vague de contamination ou de clusters pourrait voir le jour afin de maintenir la pression et la peur chez l'individu. **Du volontariat, on passera alors directement à l'obligation de tests et de traçage acceptée avec bonheur car synonyme de «survie» pour l'individu ignorant et désinformé.**
Il faudra catégoriquement REFUSER CES TESTS !
Cette organisation s'établira, certainement, par département, avec reconfinements, distanciation accentuée nouvelle immobilisation de secteurs d'activités et «passeport smartphone rouge ou vert» en fonction de votre dépistage et de votre situation géographique. Un conseil

pour ceux qui souhaiteraient sortir du troupeau, **faites comme moi, achetez un portable à 20 euros…..**
N'oubliez pas, leur maître mot est toujours de séparer pour mieux régner !
Fin de la première phase préparatoire. L'homme mouton est prêt à tout accepter.

Viendra ainsi le deuxième temps, correspondant à l'objectif prioritaire et final de contrôle du monde par nos élites de haut rang du Nouvel Ordre Mondial et qui verra se profiler la validation et la proposition du vaccin (inutile, inefficace et invasif) sauveur de l'humanité élaboré en un temps record.

Comprenez que pour arriver à faire accepter, à près de sept milliards d'individus, une vaccination obligatoire ou «fortement recommandée», il était absolument nécessaire d'avoir «finement» préparé le terrain par une, voire plusieurs vagues de contamination. Ne serait-ce qu'en France, on connaît les fortes résistances en la matière !

Oui mais face à la peur, à l'angoisse, à l'absence de liberté et de traitements et surtout face à la promesse du retour à votre vie d'avant, qui résistera à l'injection d'un cocktail de futur bonheur ?

C'est ici et maintenant que les pronostics s'arrêtent et si j'imagine que beaucoup lisaient encore ce qui vient d'être évoqué à l'instant comme un bon polar, ils vont vite déchanter….La réalité va dépasser la fiction et plus que ça, par certains aspects singuliers et inédits, **elle nous propulsera directement vers l'ACTE III de ce livre, c'est à dire vers une vision «Apocalyptique» de l'évolution humaine.**

La genèse d'un vaccin.

Le document fantastique qui va suivre, certainement passé inaperçu pour l'immense majorité des gens, est la révélation, sans le moindre doute possible, d'une préméditation criminelle de la situation actuelle. A moins, bien entendu, que la bienveillante personne l'ayant prononcé ne soit un devin de réputation mondiale.

Et ce voyant extraordinaire se nomme…..Bill Gates !

En effet, le 19 février 2017, LCI faisait état d'une déclaration de Bill Gates, lors de la Conférence de sécurité à Munich en Allemagne, le 18 février, et qui faisait part de ses inquiétudes quant à l'avenir de l'humanité :

«Qu'ils apparaissent dans la nature ou dans les mains d'un terroriste, les épidémiologistes disent qu'un pathogène transmis dans l'air et se propageant rapidement peut tuer 30 millions de personnes en moins d'un an….
Il est assez probable que le monde va vivre une telle épidémie dans les 10 à 15 ans à venir, **a déclaré le fondateur de Microsoft**, *à l'occasion de cette réunion* **qui réunit tous les ans les hauts responsables de la diplomatie mondiale.** *C'est pourquoi nous nous mettons en danger en ignorant le lien entre sécurité sanitaire et sécurité internationale.»* Bill Gates est persuadé qu'il serait imprudent de na pas se préparer au risque d'une épidémie de très grande ampleur. L'homme le plus riche au monde a appelé les dirigeants mondiaux **à investir dans la recherche pour développer des technologies <u>capables de créer des vaccins en quelques mois.</u>**

Source : lci.Fr/international/le-monde-doit-se-preparer-a-une-pandemie-mondiale

On se doit de reconnaître sa véritable compassion en faveur de l'être humain en plus d'une projection dans l'avenir qui, au jour d'aujourd'hui, permet de valider sa «prédiction» dans le créneau de temps annoncé !

Même si cela commence à «faire froid dans le dos», vous allez immédiatement constater que ce traître avait déjà, «intuitivement», mis tout en œuvre afin de valider des brevets destinés à inclure certains dispositifs invasifs dans son futur vaccin tant espéré, cela même avant l'apparition du moindre virus à l'horizon. Vous aurez également noté son extrême motivation à produire un vaccin **en quelques mois seulement**…..projet en passe de se concrétiser à très court terme!

Ainsi donc, Big Pharma, Microsoft, Bill Gates, la fondation Rockefeller et le GAVI (Alliance mondiale pour les vaccins) soutenu par l'OMS et la banque mondiale, se sont associés dans un projet appelé **«L'Alliance ID (digital identity) 2020»** qui associera des **vaccins à des micro-puces implantables sous forme de nano-particules afin de créer une identité numérique**. Un sommet s'est déroulé en **septembre 2019** à New-York avec décision de déploiement d'un **premier protocole en 2020**, déjà criminellement testé dans certains petits pays africains et au Bangladesh avec l'accord du gouvernement. Le tout financé par ce généreux donateur qu'est Bill Gates. être malsain que l'on peut d'ores et déjà considéré comme l'un des principaux instigateurs de cette épidémie artificielle «explosant» étonnamment, en temps et en heure, à l'instant même de leurs expérimentations finales.

Plus près de nous, en France, s'est déroulée sous le même label, le 28 janvier 2020 à Lille, et sous le haut patronage de **Bruno Lemaire, Ministre de l'économie et des finances,** une réunion de hauts responsables économiques destinée à promouvoir et envisager **la création d'une identité numérique pour chaque être humain de la planète. Source : id-forum.eu.** (digital identity)

Quelques citations intéressantes d'intervenants :

« Ainsi apparaît un nouveau marché qui se mesure en milliards d'euros et qui croît à 2 chiffres tant les besoins d'identification sont immenses dans une économie numérique mondialisée. »

A. Viau. Président d'ARES audit.

« Nous voulons l'ouvrir (Forum) à une autre réalité, l'identité numérique, essentielle à la société globale et à l'économie digitale. »

Général Watin-Augouard. Fondateur du FIC

Parmi les thèmes abordés, en voici deux :

- Paiement et e-commerce : l'identité numérique comme transformation de l'expérience client.

- Le déploiement d'une véritable identité numérique est-elle possible en France ?

Hormis le fait que ce forum se soit tenu, bizarrement, dans «une période favorable», il est regrettable de ne pas en avoir fait profiter la population par une information claire et objective étant donné qu'elle nous concerne tous….

Cette entrée en matière bien «imagée» doit vous faire comprendre que cela implique des études déjà abouties, des tests en cours d'expérimentation à travers des brevets déjà existants, tel que nous allons le voir à présent.

Les ingénieurs américains de la très célèbre **M.I.T** (Massachussetts Institut of Technology) ont conçu une nouvelle façon inédite **d'enregistrer les antécédents de vaccination d'un patient sous sa peau.** Pour ce faire, ils vont stocker les informations concernant les vaccins dans un colorant à motifs invisibles à l'oeil nu. Ce produit sera injecté sous la peau **en même temps qu'un vaccin**, d'une manière semblable à un tatouage. Ce patch de microaiguilles conçu par **Microsoft**, appelé aussi «tatouage à points quantiques», intègre dans la peau un motif de nanocristaux fluorescents qui émet une lumière infrarouge **lisible par un smartphone paramétré à cet effet grâce à une application.** A noter que cet ambitieux projet est financé par la très humanitaire **Fondation Bill et Melinda Gates !** Les résultats de leurs recherches, menées par le **Pr Kevin J. McHugh,** ont été publiées, **le 18 Décembre 2019,** dans la revue scientifique : **Science Translational Medecine**. Vol 11. N° 523. A voir sur : stm.sciencemag.org/content/11/523/eaay7162

Petite précision anecdotique, qui va en faire rire certains (profitez-en encore…), et qui caractérise l'origine du point quantique permettant l'émission de cette lumière infra-rouge. Et bien ce dispositif fonctionne grâce à une enzyme bioluminescente qui rendra la vaccination lisible longtemps après que la «victime» ait été injectée. **La Luciférase.**

Ce joli nom tient son origine de l'Ange déchu **Lucifer** qui signifie «Le porteur de lumière» et très réellement nommé par un certain **Dr Raphaël Dubois**, professeur de physiologie générale à l'Université de Lyon et spécialiste des photobactéries au début du XXème siècle.

Oui mais attendez, ce n'est pas encore fini car le meilleur est pour maintenant !

En effet, un nouveau brevet de **Microsoft** concerne l'extraction de crypto-monnaie à travers la création d'un dispositif de micro-puces qui suit l'activité physique ou les réaction d'un humain à certaines tâches. En clair, **il autorisera des transactions, en équivalent de Bitcoins, par sa connexion à un réseau informatique**. Ce système porte un nom : **Système de cryptocurrence utilisant des données d'activité corporelle** et il est précisément noté sur le brevet : *«Un serveur peut fournir une tâche à un dispositif d'un utilisateur qui est couplé de manière à communiquer avec le serveur. **Un capteur couplé de manière à communiquer avec un dispositif de l'utilisateur <u>ou compris dans ce dernier peut détecter l'activité corporelle de l'utilisateur.</u>**»*

Vous avez le droit de penser que cela ressemble à une fake-news, sauf que ça n'en est pas une. Car ce dispositif implantable dans l'être humain a été élaboré par trois petits génies du nom de Abramson Dustin, Fu Derrick et johnson, Joseph Edwin de chez **Microsoft Technology.**
Date d'enregistrement à l'international : 26/03/2019
Date de publication : 26/03/2020 et n° Brevet :
WO/2020/0**60606**.
Source : patentscope.wipo.int/search/en/detail.jst?docId= wo2020060606&tab=PCTBIBLIO. Détails du Brevet **666**, cela vous rappelle t-il quelque chose ?
Apocalypse de St Jean. Chapitre 13. Parlant de la «Bête» : *«Elle amena tous les hommes, gens du peuple et grands personnages, riches et pauvres, hommes libres et esclaves,*

à se faire marquer d'un signe sur la main droite ou sur le front. **<u>Et personne ne pouvait acheter ou vendre</u> sans porter ce signe, soit le nom de la bête, soit le nom correspondant à son nom….c'est 666...»**

Un petit conseil gratuit, au cas où vous commenceriez à voir se dessiner un rictus sur votre visage. Lisez, dans *La conspiration des élites,* **l'origine et le culte rendu par certaines élites politiques et financières à de hautes entités maléfiques. Des témoignages et rien que des témoignages, vous serez horrifiés….mais informés !**

Quelle que soit votre opinion, tout est parfait au niveau de leurs «prévisions», de leur technologie, de leur «timing» et au niveau de la fragilité de l'être humain pour l'application de la suite de leurs opérations.

Vous disposez donc à présent d'une partie de **la composition du vaccin**, des dégâts qu'il va occasionner sur votre intégrité et votre liberté ainsi que du décryptage des décisions incohérentes de nos politiques aux ordres. A ce sujet, un dernier petit élément insolite dénoncé dans le journal *Marianne* et qui rapporte le pilotage de la stratégie de dépistage du coronavirus en France par un cabinet privé de la filiale américaine **Bain & Company. Des amis à Bill Gates….**

Bref, de quoi mieux «apprécier» la suite…..

CE QUI NOUS ATTENDS

Au risque de vous surprendre, c'est à partir de maintenant que je vais vous demander de ne pas me croire. Non pas parce que la suite de mes commentaires serait inventée par mes soins, bien au contraire, mais parce qu'ils seront tellement éloignés, pour l'extrême majorité d'entre-vous, de vos propres croyances ou convictions, qu'ils seraient d'emblée jugés irrecevables.

Ce que je vous propose donc, serait plutôt à définir comme une sorte de «jeu» ou un pari sur l'avenir. Les règles du jeu seront ainsi des plus simples : vos convictions du moment contre les miennes . Car si jusqu'à maintenant, je pouvais encore vous proposer des éléments tangibles et vérifiables à propos d'événements graves et bien précis se déroulant actuellement, à partir de cet instant nous allons aborder l'essence même du problème : **c'est à dire l'origine de nos tribulations et le scénario fort probable de la finalité chaotique d'un parcours planétaire** qui commence à prendre forme sous nos yeux. Si certains ont lu ou partiellement parcouru mon premier ouvrage, il savent de quoi il retourne….et pour ceux qui ne l'on pas encore lu, il serait souhaitable de le faire car je ne rentrerai plus ici dans de multiples détails et explications.

L'unique challenge, en ce qui vous concerne, sera d'avoir le courage ou la simple curiosité de lire ce qui va suivre, de le conserver si possible en mémoire **afin de le confronter, en temps et en heure**, aux terribles bouleversements personnels et planétaires à venir qui seront vécus par tous en temps réel et dont je vous aurais précédemment relaté, ici, le possible scénario. **A vous, à un moment donné de l'arrivée et de la constatation <u>des suites</u> de nos premiers événements perturbants mondiaux, de vous interroger sincèrement sur la validité de mes «prévisions», on va dire un peu plus «ésotériques».** Il sera de votre responsabilité de vous positionner rapidement par rapport à cela. Si, à un moment donné et grâce à certaines corrélations indiscutables, votre mental parvient à les accepter telles quelles, à s'orienter et à s'ouvrir en conscience vers une autre compréhension plus subtile de ces phénomènes, c'est que vous vous serez orientés sur la bonne route, au bout de laquelle vous attendra un choix final primordial. **C'est à dire un choix de vie.**

A l'inverse, pour celui qui sera encore trop enfermé dans la matière, dans l'illusion de la vraie vie et dont l'esprit ne parviendra pas à s'en dégager dans les quelques mois et petites années qui s'en viennent, il faut être clair, il y aura l'équivalent d' un «redoublement» pour une autre expérience de vie dans la matière de troisième dimension.

Nous voici donc aujourd'hui, en ce milieu d' année 2020, arrivés à la croisée des chemins pour l'humanité car ce «début» de panorama morose révèle, à lui seul, toutes les problématiques complexes liées à la suffisance des hommes. Suffisance et manipulations des grands initiés de l'ombre, fort peu nombreux du reste, et suffisance d'une immense majorité de la population se complaisant toujours dans l'inertie et la méconnaissance la plus absolue du monde et de son essence véritable. A cause de cette simple équation, l'humanité risque de disparaître sans même connaître son origine ni si son destin fut dirigé par des forces inconnues et par conséquence, faussé dans son parcours naturel.

Alors prenez, un instant, la hauteur suffisante afin de regarder notre situation actuelle à la lueur de tout ce qui vient d'être rapporté, je dis bien TOUT, et posez-vous honnêtement la question suivante :
Pourquoi autant de censures, d'incohérences, de mensonges et de dissimulations avérées et flagrantes à l'encontre des hommes ? Il me semble que le mensonge et la dissimulation ne sont pas représentatifs de ce que l'on est en droit d'attendre d'une civilisation se disant avancée et que si tromperie il y a, c'est qu'elle doit bien représenter et servir la redoutable force d'une maigre frange corrompue de l'humanité.

Ne nous le cachons pas, nous aurons été, TOUS, au cours de nos vies, et de cette vie, les artisans irresponsables de cette désastreuse situation. Car, pour autant, le soucis n'est pas vraiment l'action négative des hommes de l'ombre, **le soucis majeur vient de l'immense majorité de tous ceux qui regardent et laissent faire en comptant lâchement sur leur voisin pour résoudre une équation et certains mystères inquiétants dont ils ne prennent absolument pas toute la mesure des dangers qu'ils représentent pour eux et pour l'humanité !**

A ce titre, savez-vous quel est véritablement l'un des problèmes majeurs de notre société….**La séparation des «mystères» et de la science.** Car le récif sur lequel la plupart des individus se sont échoués et s'échoueront encore, s'appelle **LE MATERIALISME**. Un matérialisme outrancier qui a éliminé définitivement les «forces invisibles» et leurs influences en avançant qu'une force n'est que le résultat d'un mouvement mécanique. Cela est parfaitement exact, sauf pour la toute première qui déclencha….**le mécanisme de la création.**

Et il s'agit bien ici de revenir à ce point capital, à cette «force primordiale» qui conditionne notre vie et celle de l'univers, celle que le matérialiste n'a jamais découverte. **Alors il échafaude ses thèses, sa vie et ses convictions sans jamais en tenir compte**. Oui, les mouvements des atomes sont bien comme les engrenages d'une mécanique ; une roue en fait tourner une autre, qui en fait tourner une autre et ainsi de suite à l'infini. Mais alors, qu'est-ce qui a fait tourner la première roue ? Non pas une autre puisqu'elle est la première. Par conséquence, il doit forcément y avoir autre chose. Mais quoi ? Une force indépendante de tous les atomes, une grande force primaire et infinie, en un mot parce qu'il n'y en a pas d'autres : **CELUI QUI EST,** qui a toujours été et qui sera, qui n'a pas de nom mais que couramment beaucoup appellent….DIEU ! Et Dieu n'a pas de religion ni de sexe : **IL EST LA FORCE.**

Et c'est ce que le athée matérialiste n'a pas encore découvert, la grande force primaire qui fait tourner les engrenages grâce à des forces subsidiaires. Alors le matérialiste ne considérant que le côté matérialiste des choses, il en déduit que seuls les éléments physiques gouvernent les forces et que ces forces ne comptent pas. **Considérant qu'il devient inutile de s'y intéresser, alors comme le navire sans gouvernail, notre monde va s'échouer misérablement sur les récifs….**

Si seulement le matérialiste prenait soin de remonter à l'origine du mouvement, alors il comprendrait qu'il possède aussi en lui-même, **une force qui n'est pas physique et que cette force n'est autre que son âme vivante et immortelle**. Il comprendrait également QUI IL EST vraiment, non pas la pauvre bête inconsciente qu'il continue de construire stupidement chaque jour un peu plus, **mais un individu qui possède en lui une partie de l'être suprême, une parcelle immortelle de cette grande source qui lui confère de véritables pouvoirs de création et d'élévation.**

Il est une évidence même, qu'une large majorité d'individus resteront parfaitement sourds et insensibles à cette évaluation des choses, préférant confortablement en rester à leur ancestrale théorie d'une évolution rectiligne dont les singes en seraient leurs lointains parents….ce qui n'est d'ailleurs pas faire honneur aux singes !

En résumé, l'état actuel décadent de notre monde en passe de s'effondrer est bien à l'image de l'homme matérialiste ignorant et manipulable. C'est mon constat, et il est à prendre ou à laisser….

En développant succinctement cet aspect «philosophique» des choses, notez bien que je ne ramène aucunement cela à une quelconque religion. Ce serait la pire des erreurs ! Les religions ont été créées par l'homme, uniquement dans un but de domination des consciences. La science, qu'elle soit traditionnelle ou quantique, resterait à même de pouvoir démontrer l'existence de Dieu ou de la force primordiale, ce qui revient au même. Pour plus de détails…..

Tout cela pour dire que, si vous ne parvenez pas à sortir de votre propre enfermement, vous aurez le plus grand mal à analyser rapidement la suite des événements planétaires pour vous offrir la chance de vous «libérer».

Pour faire court, une fois que vous aurez acquis que l'homme, en tant qu'entité originelle libre et dans le cadre de son évolution, fut équipé à sa «naissance» de deux polarités, **négative et positive** (Pour connaître le bien il faut savoir ce qu'est le mal), il vous sera plus facile d'imaginer laquelle de ses deux polarités aura été son pire fil conducteur depuis des milliers d'années !
Je vous fais un dessin ou c'est inutile ?

En fait, l'homme se bat contre lui-même depuis qu'il a été fait homme ! **C'est à dire le plus contre le moins ou en plus clair : <u>une guerre incessante du mal contre le bien !</u>** A la lumière de ce constat, que je ne peux rendre plus simple à comprendre, il paraît évident qu'il a toujours été plus facile de générer le mal que le bien sous la célèbre formule : **la raison du plus fort est toujours la meilleure !**

Et la boucle est bouclée…..car c'est exactement ce que nous continuons à vivre, aujourd'hui même, sous une forme plus cynique et larvée! Et l'avantage des quelques Maîtres du mal, qui tiennent sous dépendance une multitude de petits rois sans gloire, est leur extrême motivation, le contrôle de la monnaie, des médias, leurs parfaites avancées scientifiques cachées **ainsi que leur maîtrise de forces dites «surnaturelles»** leur permettant un contrôle sans partage de toute la planète dans l'espoir d'y installer, à terme, leur Maître tout-puissant.

Ce dernier, auréolé de la noirceur la plus totale, se donnant pour objectif final d'être Dieu à la place de Dieu ! Voilà leur but ultime, leur combat «sacré»…… La victoire du mal.

Tiens, j'en vois quelques-uns pâlir et se dire que les carottes sont cuites ! Alors,….disons plutôt qu'on a l'impression qu'elles sont cuites mais à ce moment précis, il faut revenir au moment de la création.

Et qui était le Patron au démarrage ?

Et bien le grand patron c'était Dieu et heureusement pour nous car il n'est qu'amour pour ses «enfants» que nous sommes tous, les bons comme les moins bons ! **Par conséquence, à la fin, c'est toujours la lumière qui l'emportera….mais cela ne se fera pas sans contrepartie pour chacun d'entre-nous,** toujours en restant dans le cadre de notre évolution.

Car il y a une notion vraiment importante qui rentre en ligne de compte dans ce qui vient à l'instant d'être dit et qui peut paraître paradoxale au premier abord. **Sans le mal, il n'y aurait pas d'évolution possible !** C'est toujours dans l'adversité que l'homme se construit….et ça prends du temps, des milliers d'années et ce n'est toujours pas gagné ! Et si ce n'est pas si simple, c'est que, d'une part, l'homme se complaît dans l'ignorance de son essence originelle et, d'autre part, parce que le mal sait aussi se parer de l'habit du plus doux des agneaux....Et ce sont eux les pire, ceux qui, aujourd'hui, se targuent des plus belles vertus, de la plus belle transparence, de leurs plus belles attentions fraternelles vis à vis de leurs propres concitoyens. Ce sont nos si grands dirigeants actuels....et particulièrement en France !

Donc, pour résumer, nous faisons partie d'un plan cosmique auquel nous prenons tous part dans le cadre d'une expérience que nous avons choisie et qu'il nous a fallu oubliée en nous incarnant sur Terre. L'objectif difficile (sinon ce ne serait pas marrant), **étant de nous rappeler QUI nous étions à l'origine afin de pouvoir créer en conscience, individuellement et collectivement lors de notre parcours terrestre, le meilleur et le plus beau des mondes possibles.** Evidemment, je schématise.

Dès lors, vous conviendrez que pour beaucoup d'entre-nous, le souvenir des règles du jeu est un peu passé «à la trappe».... Alors pour les quelques misérables pèlerins à travers le monde qui ont eu l'audace de se réveiller à leur réalité intérieure, le travail est titanesque pour tenter d'aider à faire pencher la balance du «bon côté» ! Sachez que 5 % de la population mondiale suffirait...et, Dieu merci, nous sommes bien aidés en coulisse !

Comprenez tout de même que les conséquences de ce scénario ne sont pas anodines, car **chaque individu** dans le monde conserve en permanence une part réelle de responsabilité personnelle dans ce challenge, **au profit ou au détriment de l'humanité**. De cette prise de conscience, ou non, dépendra donc la suite de votre vie et de votre évolution. **Et je tiens à préciser dès maintenant, pour** celui qui penserait naïvement qu'en ne faisant rien il ne nuit à personne, que l'immobilisme stérile ou la bienveillante neutralité seraient les pires choix possibles ! A contrario, il faut absolument considérer que même l'individu s'adonnant au mal conserve ainsi une plus grande utilité dans l'évolution de son prochain, étant donné qu'il devient ainsi une référence à ne pas suivre. A bon entendeur...

Alors, pourquoi ces bouleversements se produisent-ils maintenant ?

Et bien, je dirais que le temps imparti par le Créateur à cette tranche d'évolution humaine et cosmique que nous devions expérimenter et vivre, arrive maintenant à son terme et que, **que vous le vouliez ou non**, «le temps de la récolte» étant arrivé, la Terre, organisme vivant, va devoir basculer dans l'énergie plus élevée d'une autre dimension, et avec elle, ceux qui seront prêts. **C'est à dire tous ceux qui se seront sincèrement réveillés à la lumière de leur réalité intérieure et d'autres qui y seraient parvenus inconsciemment, étant naturellement de «belles personnes».** On parle ici d'un basculement complet de la vie dans une cinquième dimension merveilleuse et plus subtile, **une transition «physique» inédite sur une Terre transfigurée sur laquelle toutes vies animales et végétales seront également au diapason de notre nouvelle énergie….L'équivalent d'un nouvel Eden.**
Soit l'âge d'or…..

Même si tout cela vous paraît absolument nébuleux, impossible et invisible à vos yeux plus ou moins fermés, vous devez savoir que nous sommes sérieusement aidés en coulisse depuis très longtemps, par des êtres lumineux plus ou moins éthérés et d'autres galactiques. Pour faire simple, s'ils n'étaient pas là, nous aurions presque tous disparus depuis quelques temps déjà !

A ce titre, à la fin de mes derniers commentaires, je vous fournirai <u>un lien internet particulièrement important</u>. Je vous demanderai alors de le consulter, si possible régulièrement, et de lire les messages qu'il diffuse. Ce sont des communications obtenues par canalisation, ou *Channeling* en anglais, d'entités non visibles car non-terrestres mais très dévouées dans le réveil de la Terre.

Le «canal» récepteur est une française impliquée depuis fort longtemps dans cette mission délicate et dont je suis attentivement l'information très diversifiée depuis quelques années. Ses messages de sagesse, de prévention et d'avertissements se sont toujours révélés pertinents et relativement précis. Je ne le communiquerai pas si je n'étais absolument pas sûr de cette source.

En d'autres termes, si vous désirez avoir un discours sage, clair, objectif, informatif sur la situation française et mondiale, bienveillant mais néanmoins ferme dans l'objectif lumineux à atteindre, c'est là que peut se situer votre meilleur guide. **Si vous souhaitiez obtenir le temps d'avance nécessaire à une prise de décision** et à l'amorce d'un changement personnel, c'est cette «écoute» qui vous fournira l'aide la plus précieuse en temps réel.

Je ne vous demanderais toujours pas de me croire sur parole, mais d'y accorder de l'importance dans le cadre de notre «challenge» mais, plus que tout, dans votre meilleur intérêt.

ACTE II

Effondrement économique et Révélations

Même si cela est toujours manifestement inacceptable à vos yeux, il faut avoir un regard lucide sur le démarrage et la réaction disproportionnée des autorités mondiales à cette fausse pandémie «artificielle» (volontairement surestimée par l'OMS), dénoncée d'ailleurs par le Président Trump qui affirme détenir des preuves contre le laboratoire P4 Chinois de Wuhan. Le **Professeur français Luc Montagnier**, Prix Nobel de médecine, a également déclaré sur C.News que ce virus était de fabrication humaine.

Concernant ce fameux laboratoire, il faut savoir que celui-ci fut développé en collaboration avec le laboratoire P4 INSERM de Lyon et inauguré le 23 février 2017 en présence de l'ancien 1er Ministre **Bernard Cazeneuve** (ex-participant du groupe Bilderberg...) et du **Pr Yves Lévy, patron de l'INSERM et mari d'Agnès Buzyn, future Ministre de la Santé !**

A ce titre, il faut également avoir l'honnêteté de s'interroger sur des initiatives étrangement précoces prisent par le ministère de la santé au regard de propositions de loi coercitives ajoutées au milieu du texte initial définissant **la sécurité sanitaire**. Car, en effet, dès **le mercredi 5 février**

2020, le Sénat adoptait la proposition de loi relative à la sécurité sanitaire présentée en projet, **le 5 décembre 2019, par Michel Amiel et les membres du groupe LaREM.**
Voici donc ce que stipulaient ces ajouts véritablement «prémonitoires» lors de la cession ordinaire du Sénat N°180 du 5 décembre 2019 :

Chapitre II.
Signalement et prise en charge des personnes contacts ou infectées
Article 6
Après le chapitre V du titre III du livre Ier de la troisième partie du code de la santé publique, **il est inséré un chapitre V*bis*** ainsi rédigé :
«Mesure d'éviction et de maintien à domicile des personnes ayant été en contact avec une ou plusieurs personnes atteintes d'une maladie transmissible»

Art. L. 3135-6.- **Afin de limiter la propagation des maladies transmissibles et de faire face à une situation sanitaire exceptionnelle,** peuvent faire l'objet d'une mesure d'éviction et de maintien à domicile les personnes présentant un risque élevé de développer une maladie transmissible du fait d'avoir été en contact avec une personne malade ou d'avoir séjourné dans une zone concernée par un foyer épidémique et dans des conditions d'exposition de nature à transmettre cette maladie en raison de ses caractéristiques épidémiologiques.
La personne qui fait l'objet d'une telle mesure est tenue de limiter sa présence dans les lieux regroupant de

nombreuses personnes, en particulier dans les établissements universitaires et scolaires et les autres lieux dédiés à l'accueil des enfants, les lieux de travail et des lieux de rassemblement de personnes……

Article 7
Le code de la santé publique est ainsi modifié :
Après le chapitre V du titre III du livre Ier de la troisième partie, **il est inséré un chapitre V *ter* ainsi rédigé :**

Mesures exceptionnelles d'isolement contraint
Art. L. 3135-10.-I- **Lorsqu'une personne atteinte d'une maladie transmissible hautement contagieuse** crée, par son refus de respecter les prescriptions médicales d'isolement prophylactique, un risque grave pour la santé de la population, le préfet ou, à Paris, **le préfet de police peut décider de sa mise à l'isolement contraint.**
Voir l'ensemble du document sur :
www.senat.fr/leg/ppI19-180.html

Tel que vous pouvez d'ores et déjà le constater avec la perspective d'une vaccination techniquement bien avancée, le projet d'ajouts «opportuns» au texte de loi existant, alors absolument déconnectés en temps et en heure **d'une quelconque menace épidémiologique exceptionnelle connue,** laissent quelque peu dubitatifs et «admiratifs» quant à leur réalité opérationnelle soudaine se matérialisant, pour ainsi dire, la veille de l'arrivée du coronavirus en France ! Plutôt étrange…..

Que dire également de cette autre anticipation propice, tout autant que troublante, du classement de l'hydroxychloroquine, sous toutes ses formes, **en liste II des substances vénéneuses par un arrêté du 13 janvier 2020** publié au JORF n°0012 du 15 janvier 2020 (texte n°13) et signé par Jérôme Salomon pour la Ministre de la Santé Agnès Buzyn ? Cette décision surprenante fut initiée **sur une proposition de l'ANSM datant du 08 octobre 2019** ! Ce qui implique que ce médicament, jusqu'alors en vente libre et avant même la moindre polémique le concernant, ne se retrouvera prématurément accessible que sur ordonnance alors même que, comme le précise l'ANSM, *«les données disponibles sur la génotoxicité de l'hydroxychloroquine sont quant à elles limitées»*.

Voici d'ailleurs ce que rapporte le **Professeur Zahir Amoura** du service de médecine interne II de la Pitié-Salpêtrière, **chef du centre national de référence du lupus**, qui prescrit de longue date l'hydroxychloroquine à ses patients :

«ça fait plus de 20 ans qu'on donne le plaquenil (seul médicament sur le marché français à base d'hydroxychloroquine) à des femmes enceintes, ça réduit les poussées et on a pas constaté de malformations sur les fœtus. L'ANSM a donc fait le choix d'un classement de l'hydroxychloroquine en contradiction avec les constats de médecins sur le terrain.... »

Autrement dit et en dehors de toutes sommes de données scientifiques valides et prouvées cautionnant une véritable toxicité, **ce médicament était déjà opportunément «pointé du doigt» dès fin 2019.** A ce stade, il faut bien avoir le courage de reconnaître que cela commence à faire beaucoup de hasards sur un même créneau de temps plutôt très court ! Consécutivement, on ne sera pas surpris de la débauche d'énergie du gouvernement afin de discréditer systématiquement et arbitrairement tout protocole futur lié à l'utilisation de la chloroquine. Médicament pourtant peu cher, connu depuis 1937 et ne faisant certainement plus les affaires de Big Pharma mais ayant quant à lui les vertus de soigner et encore moins dangereux que le Doliprane ! Cherchez l'erreur….,

Il est aussi utile de rappeler que, jusqu'à présent et depuis l'histoire des pandémies planétaires, **(dont la dernière grippe de Hong-Kong en 1970 qui tua tout de même 30000 personnes en France et plusieurs millions dans le monde !)** nous n'avons jamais assisté à un tel déploiement de mesures aussi rapidement drastiques, assassines et sur-médiatisées à une échelle frôlant l'horreur la plus parfaite….pour un virus reconnu dès le départ comme étant mortel dans 2 à 3 % des cas seulement (et sans traitements !). Je vous rappelle que c'est environ 1 % pour la grippe. **Mais de surcroît et très étrangement, <u>et pour la première fois dans l'histoire</u>, sans la moindre attention particulière quant à la protection du tissu économique.** C'est à dire qu'il faudrait croire qu'ils tenaient tellement à la santé des gens que nos si vaillants dirigeants, **pourtant si attachés à leur propre croissance matérielle,** se seraient subitement mués, avec un désintéressement inédit quant à la survie économique du pays et du monde, en anges gardiens bienveillants ???

Sauf que la suite de l'histoire ne plaide pas du tout en faveur de cette belle motivation à cause d'une désinformation et d'un cafouillage permanent,

d'incohérences évidentes, d'interdiction de traitements et de protocoles valides sauveurs de vies, de menaces permanentes du Conseil de l'Ordre contre les médecins prescrivant des antibiotiques traditionnels, l'absence de masques et de matériels médicaux, la production de tests fiables en nombre insuffisant, d'une gestion des EHPAD transformés en mouroirs et toujours aucune étude à ce jour permettant la validation d'un traitement efficace depuis la «prometteuse» étude *Discovery* dont les résultat sont toujours reportés depuis Mars….**sauf l'éternel traitement au Doliprane….Et puis surtout, l'ignominie totale qui voit les grands de ce monde, chefs d'Etats, grosses fortunes, Rois, Princes, grandes banques, Commission européenne, Monaco…..participer à un Téléthon mondial le 4 Mai et qui a récolté 7,5 milliard d'euros <u>pour la recherche d'un vaccin contre le Coronavirus !!</u>**
….Vous vous rappelez, celui-là même qui fera de chaque être humain de la planète un individu sous contrôle mais directement financé par Bill Gates et nos grandes élites !

Vous savez, et en toute humilité, si nous vivions dans un monde responsable, juste et transparent, ce Téléthon aurait dû être organisé **en urgence, dès le mois de mars**, afin de financer une recherche sérieuse conjointe réalisée par les grands infectiologues du monde afin de fournir un traitement efficace qui soit disponible le plus rapidement possible contre le Coronavirus.

Certainement, dans un tel monde parfait animé de véritable compassion, aurions-nous pu sauver des dizaines de milliers de vies humaines…...

Il n'y a toujours rien qui vous chagrine dans ce paradoxe total ? Seriez-vous devenus aveugles ou déconnectés de la réalité ? Auriez-vous subitement perdu de vue certaines priorités ? Mais, peut-être serez-vous rassurés de savoir que ce Téléthon a été rejeté par les <u>Etats-Unis et la Russie.</u> Vous savez ces deux grands pays gouvernés par des Présidents infréquentables…..mais qui attendent leur heure !

De surcroît, si un Etat garant de la santé de ses concitoyens avait été impliqué dans une démarche véritablement constructive et responsable, il aurait légitimement laissé un spécialiste, **dont c'est le métier**, gérer la crise. C'est à dire tester, séparer **et traiter dès les premiers symptômes** avec une molécule fiable, connue et peu chère. Le plus simple bon sens. **On en serait arrivé à une mortalité d'environ 0,5 % qui n'aurait même pas atteint la létalité d'une simple grippe saisonnière**, comme dans certains «petits» pays non corrompus et moins riches, <u>et n'aurait nécessité aucun confinement !</u>

Pour preuve, au 06 juin 2020, on ne constate que 4600 décès sur l'ensemble du continent africain !!! La plupart appliquant le protocole Raoult, tout en sachant que beaucoup d'africains prennent régulièrement de la chloroquine/Plaquénil qui est un anti-paludéen. Forcément, une cause à effet…..

Ayant été personnellement en Afrique (Tchad), j'ai consommé durant 3 mois du Plaquénil sans jamais avoir subi de quelconques effets indésirables, moi comme mes collègues militaires. A noter également que l'armée française a bien commandé, au mois d'avril, un stock de

Chloroquine. Pour un produit nocif, il semble bien ne pas poser de problèmes particulier aux Armées, tout comme certaines personnalités s'étant discrètement rendues à Marseille afin de bénéficier du Protocole du Pr Raoult. (témoignage d'une connaissance). Certains soignants ont même déclaré (Dr Patrice Peloux. Patron des urgentistes), sur certaines chaînes d'information secondaires (type BFM), prendre de la chloroquine par prévention !

Le Président Trump, lui-même, a déclaré le 18 mai prendre un comprimé de chloroquine chaque jour. Même si cet homme controversé suscite toujours autant de débats, ce qui me rassure, c'est qu'il ne va pas dans le sens du courant, allant jusqu'à demander des comptes à l'OMS sur sa gestion de la pandémie.

Quand on en vient à additionner tous ces paramètres indiscutables, on s'aperçoit alors que rien, **absolument rien n'est cohérent** dans ce mauvais film et que mis à part une volonté manifeste de générer le plus de morts possible, **l'écroulement économique planétaire devient alors l'un des véritables objectifs des élites de ce monde tel que mentionné dans les «Protocoles» des illuminés de Bavières rédigés en 1784. C'est bien ce que les mondialistes nomment ouvertement, «le grand Reset»**…..A paraître en Septembre le livre de **Klaus Schwab**, Président du forum économique mondial : *«Covid-19. The geat Reset»*.Tout est dans le titre…….

Il faut maintenant brièvement aborder la façon dont pourront se matérialiser les prochains déboires de l'humanité avant ce grand saut «quantique» qui concernera chaque être vivant de la planète.

A partir de là, je vais tenter d' établir quelques projections possibles d'événements dans un ordre que j'estime le plus probable dans l'espace et étalés sur une période de temps de quelques mois et années. Le basculement final de l'humanité vers la cinquième dimension serait, quant à lui, programmé vers 2025/2030. Et oui, cela risque d'évoluer très vite et vous pouvez vous apercevoir que les déboires ont déjà sérieusement commencé….Sachez aussi, qu'en fonction de l'éveil des populations, le schéma pourra sensiblement progressé plus ou moins vite et en mieux….ou en pire ! Moralité, c'est invariablement et toujours le libre-arbitre de l'humain qui décidera de la rapidité et de la qualité de son évolution, car rien n'est jamais figé :

- Le virus va rester l'un des principaux vecteurs de pression des Etats sur les populations. La France devra continuer de subir le mensonge d'État en vivant une distanciation sociale vide de sens et de tout espoir véritable. On verra la poursuite d'un dé-confinement très progressif sur le moyen terme en jouant en permanence sur la peur du spectre d'une reprise de la contagion qui pourrait voir le jour une seconde fois dès l'apparition du moindre foyer ou cluster, même minime, basés sur des tests «bidons», permettant ainsi de justifier d'autres contraintes synonymes de privation de liberté.
- Si la «ficelle» est trop grosse, on pourrait, **ENFIN, voir se renforcer les premières et sérieuses contestations avec désobéissance civile, voire des révoltes face à l'injustice,** à des traitements médicaux inexistants,

inadaptés ou inefficaces et à la poursuite de la privation de libertés. Peut-être même un retour des gilets jaunes !
- Nous assistons aussi, aujourd'hui même, à des montées d'indignation contre le racisme aux Etats-Unis et qui génèrent étrangement l'éclosion « spontanée» de mouvements de révoltes à travers le monde. Il faut décrypter en cela la matérialisation d'une seconde vague de manipulation destinée, une nouvelle fois, à diviser les gens et à les opposer violemment.
- En parallèle, des centaines et des centaines de milliards de dollars et d'euros seront injectés dans l'économie mondiale. Même si pendant un court laps de temps l'effet d'un semblant de reprise pourrait se faire sentir, **cela ne durera pas et ne suffira pas à empêcher l'écroulement brutal et total de l'économie mondiale et du capitalisme. On ne rebâtira pas sur des sables mouvants ni avec des millions de chômeurs en plus.**
- **La très forte probabilité de la proposition et de l'imposition d'un vaccin «invasif et nocif», étrangement précoce dans sa réalisation et impliquant une surveillance électronique, feront partis de l'arsenal des moyens de pression et de contrôle final de l'individu.**
- Consécutivement, ce sera un court temps planétaire de grandes tribulations, de désastres environnementaux meurtriers (n'oubliez pas que la Terre mute également), de révoltes et possiblement d'affrontements….l'homme sera complètement abasourdi, perdu et désorienté. Si possible, les grandes villes seront à éviter ainsi qu'une participation à la violence.

- Durant la même période, des révélations cruciales verront le jour (on appellerait cela l'Apocalypse. **Apocalypse veut dire <u>révélation</u>**) en provenance de personnalités et de hauts dirigeants mondiaux initiés souhaitant mettre fin aux mensonges ayant maintenus l'homme dans la peur du virus, sur la corruption des médias de masse et la pédo-criminalité des élites, sur les origines de l'homme, la réalité extraterrestre et sur certaines avancées scientifiques et médicales. **Le Président Trump**, anti-mondialiste convaincu, appuyé par l'armée US garante de la sauvegarde de la Constitution (probablement de concert avec les Russes), devrait être l'un des principaux initiateurs de ces révélations. Il y aura certainement de nombreuses arrestations et mise hors d'état de nuire de certains «serviteurs» de l'ombre.

- Viendra alors le moment de la plus grande confusion. **Il est fort probable que le démarrage de ces premières révélations se produira dans le courant de l'année 2021…..**

L'homme devra alors absolument se positionner rapidement au regard de l'imposition d'un vaccin et de ces révélations. Beaucoup seront tentés, par conditionnement, intégrisme, peur ou matérialisme de succomber à l'acceptation d'un vaccin, à repousser ces informations inédites mais vitales et ainsi poursuivre leur soutien à des gouvernants corrompus.

ACTE III

Transition planétaire : L'heure du choix

Message de la Vierge Marie donné aux deux petits bergers de La Salette, en France, le 19 septembre 1846 et validé par l'Église Catholique :
« Que le Pape se tienne en garde contre les faiseurs de miracles, **car le temps est venu que les prodiges les plus étonnants auront lieu sur la Terre et dans les airs**. Il y aura en tous lieux des prodiges extraordinaires parce que la vraie foi s'est éteinte et **que la fausse lumière éclaire le monde**. Malheur aux princes de l'Église qui ne se seront occupés qu'à entasser richesses sur richesses, qu'à sauvegarder leur autorité et à dominer avec orgueil !
Ce sera pendant ce temps que naîtra l'antéchrist.
Les démons de l'air avec l'antéchrist feront de grands prodiges sur la Terre et dans les airs…. »

31ème prophétie du Pape Jean XXIII écrite en 1935 :
« Les rouleaux de parchemin seront trouvés dans les Açores et parleront de civilisations antiques inconnues d'eux…Les choses de la Terre, par les rouleaux, parleront aux hommes des choses du ciel. Toujours plus nombreux les signes. **Les**

lumières dans le ciel seront rouges, bleues, vertes, rapides. Elles augmenteront ! Quelqu'un vient de loin, veut rencontrer les hommes de la Terre. Il y a déjà eu des rencontres. Mais qui a vu vraiment….s'est tu...»

A court et moyen terme, nous devrions assister à des événements hors du commun destinés à provoquer chez l'homme un ultime choc final profond afin de provoquer un «réveil» plus important.

Ce sera le temps de l' ARMAGEDDON. La bataille finale du bien contre le mal tel que rapporté dans les anciens textes sacrés.

Il faut savoir que «la Lumière» ou l'énergie du Créateur ne nous abandonne nullement à notre sort puisque, depuis des années, des vagues successives d'énergies de transformation sont projetées vers la Terre afin de préparer progressivement l'homme à sa prochaine évolution. De plus en plus fortes et rapprochées, elles se verront intégrées par nos corps physiques et subtils. Tout cela se faisant naturellement et avec plus de fluidité pour les êtres éveillés et un peu plus difficilement (voir beaucoup plus) pour tous ceux n'ayant pas encore suffisamment ouvert leur esprit.

Ainsi, la synchronicité, l'ordre et moyens des interventions «extérieures» finales ainsi que leurs déroulements dans le temps seront toujours proportionnels, **et jusqu'au dernier moment**, au degré d'ouverture de conscience de l'humanité. A ce titre, vous trouverez donc énumérés arbitrairement les différents schémas possibles **dont certains se verront forcément validés :**

- Dans un segment de temps, si court soit-il, pourraient apparaître les dernières tentatives du «mal» afin de tromper les populations fragilisées et apeurées. Ils possèdent des moyens scientifiques inédits afin de tromper l'individu pour le soumettre en jouant sur l'apparition de symboles religieux forts **(Hologrammes répandus sur Terre à partir de satellites. Projet réel «Blue Beam» de la NASA)** et pouvant simuler l'arrivée sur Terre d'un Messie sauveur de l'humanité, **un imposteur** - **en fait l'Antéchrist ou plutôt <u>l'Antichrist</u>** – (Revoir à ce titre le message de la vierge Marie cité plus haut)

Si cet épisode voit le jour, beaucoup d'humains apeurés ou conditionnés par les religions pourraient dangereusement prêter allégeance à ce faux Messie ouvrant le passage au Maître du Nouvel Ordre Mondial. Soit l'incarnation du mal «déguisé en agneau».

Le véritable Messie ne se montrera jamais de cette façon et ne sera donc pas le premier à se présenter. Sa venue effective se fera plutôt au travers du Christ en chaque homme et lorsque l'humanité sera prête à vivre **totalement et librement,** en conscience, sa nouvelle réalité.

- **En revanche, <u>et ce qui est très vraisemblable</u>, c'est qu'à un moment donné du terme de nos tribulations, <u>l'homme sera secoué par une dernière vague d'énergie cosmique positive énorme qui touchera et traversera chacun d'entre-nous sur Terre</u>.**

Le «Mal» et ses nombreux serviteurs, d'une vibration très basse, seront tous anéantis ne pouvant supporter cette puissante énergie positive.

Cette «vague» placera alors temporairement, mais radicalement, tous les hommes face à eux-mêmes et à leur conscience du moment. Des voiles qui masquaient cette conscience seront temporairement retirés afin que nous percevions notre lumière.

Cette courte épreuve citée dans les anciens textes, et dans les enseignements des êtres de lumière, pourrait correspondre à la **période désignée comme les <u>trois journées d'obscurité</u> que devra subir l'humanité.**

A partir de cet instant, chacun sera placé face à lui-même. Le temps s'arrêtera, qui sera plus ou moins pénible ou «long» selon le degré d'ouverture de conscience de chacun. Que ces trois journées soient ou non validées, **ce sera pour nous tous l'instant crucial du choix !**

Il sera vital de l'avoir abordé et préparé <u>préalablement</u> en ayant fait table rase de notre passé. En s'étant pardonnez toutes nos erreurs, nos manques, le mal que nous aurions pu causer à autrui ! Le faire en toute sincérité, afin de se projeter vers la lumière sans peur, sans tristesse ni souffrance. Si vous désirez vraiment aller vers ce nouveau monde, <u>**il faudra absolument s'aimer soi-même et, un jour, pouvoir tout abandonner derrière soi**</u>, sans aucun regrets. Il s'agira d'une re-naissance…..

Aura t-on la vraie foi pour accepter la réalité de notre divinité intérieure et une confiance suffisante en la création d' un autre avenir ? Aura t-on la volonté de décrocher définitivement des dangers et limitations de la matière et d'accepter enfin cette lumière en conscience ?

C'est à cet instant précis que sa foi, sa volonté, sa fréquence et son énergie intérieure se trouveront, **ou non**, compatibles et en phases avec la lumière de cette «proposition de libération».

- En parallèle de ces événements pourraient apparaître, volontairement et ponctuellement à la vue de certains humains, les premiers vaisseaux des entités extraterrestres amies afin d'initier de plus en plus de contacts. Le but étant, in fine, de préparer doucement l'humanité à cette rencontre fantastique et la faire réagir positivement à ce qu'elle verra et ressentira.

La conséquence de ces moments que l'on pourraient qualifier de «jugement personnel», se matérialisera par la transformation et la transition progressive, **sur une période intermédiaire de plusieurs petites années**, des êtres «prêts» vers la quatrième puis cinquième dimension, un âge d'or. Il faudra y voir, à terme, une certaine éthérisation du corps par l'intégration de ce changement de fréquence et d'énergie. Ce corps nouveau actualisé par un ADN plus complet, se verra ainsi «équipé» de possibilités fantastiques qui subira, lorsqu'il sera prêt, une «mutation» instantanée dans la dimension d'une Terre nouvelle et merveilleuse.

Pour les autres, c'est à dire tous ceux dont le manque de volonté et la peur de s'affranchir de la matière auront été les plus forts, et je crains qu'ils ne soient encore nombreux, ils devront assumer leur choix en poursuivant leur fin de vie sur une planète chaotique et appelée à disparaître. A leur mort, ils abandonneront là leur corps pour reprendre leur cycle de vie, selon leur souhait, sur une autre planète de troisième dimension, moins difficile que la précédente, pour retraverser d'autres «tribulations» jusqu'au jour de la proposition d'un autre et futur éveil.

Comprenez-vous bien la finalité de ce choix ?
En fait, il n'y aura pas de choix intermédiaires. La peur ou la simple volonté de vous accrocher à la matière de votre ancienne vie ne vous la rendra pas pour autant. <u>L'ancienne Terre n'existera plus telle qu'avant et se transformera progressivement en un corps mort !</u>

Je mesure parfaitement la mauvaise place qui est la mienne en vous instruisant de l'évocation de situations aussi improbables pour vous, impactantes et déstabilisantes. Je sais également que la majorité d'entre-vous me prendront pour un «gentil illuminé». Ce n'est pas grave, j'ai l'habitude…. mais je fais très exactement ce que me dicte ma conscience…..Je sais aussi que le rejet direct serait le meilleur moyen pour vous de sortir d'un espèce de mauvais rêve.

A contrario, ce qu'il faut garder absolument en ligne de mire, **c'est tout de même le formidable espoir et opportunité de l'entrée dans un nouveau monde rêvé, une nouvelle vie merveilleuse délivrée de toutes contraintes, d'oppressions, de maladie, de vieillesse, en parfaite harmonie avec la nature et les animaux**…..si votre confiance et votre foi sont suffisamment fortes !

En même temps, ces phases se révéleront à nous par différentes «secousses», ce qui vous permettra, comme je l'avais précisé précédemment, de vous positionner en confiance plus rapidement et plus facilement grâce aux informations et clés de sagesse que vous aurez déjà acquises. **Tout le monde n'aura pas cette chance** et c'est plutôt en cela qu'il faut voir en ces conseils un énorme avantage, **si tant est que vous sachiez les saisir en**

conscience, avec foi en vous et en un autre avenir radieux mais surtout SANS PEURS. Nous serons tous aidés en parallèle par de belles énergies distillées par nos protecteurs galactiques, nos guides personnels et Grands Etres de lumière. Si vous en exprimez le besoin, connectez-vous à eux en pensée, ils ne vous tiendront pas la main mais vous fourniront une aide précieuse.

Mais, éradiquer préalablement toute peur de votre esprit devra être une condition incontournable à cette évolution car le sentiment de peur est le contraire de l'amour. **Si la peur n'est pas guérie en vous, vous risquerez fort de «rester cloués au sol» !**

Si vous vouliez une image humoristique de cette situation inédite afin de calmer toute anxiété, en ne conservant qu'un formidable espoir bien réel, et même si ce raccourci pourrait vous paraître totalement loufoque, je ramènerais volontiers ce choix au scénario hilarant du film….

La soupe aux choux !

Et oui, l'histoire de deux vieux copains simples et natures, étouffés par une société matérialiste à outrance qui cherche à les faire disparaître. Et puis l'espoir qui vient d'en haut, en la personne d'un extraterrestre bienveillant leur offrant un choix de vie dans un autre monde. Et les voilà embarqués, rayonnant de joie, sans peur, **avec leur chat** et exfiltrés en conscience vers cet ailleurs prometteur….

En fait, ce que je vous annonce, ce n'est rien d'autre que l'aventure de la soupe aux choux !

C'est bon, vous vous sentez mieux !

En même temps, inutile, comme dans le film, de vous mettre à péter dehors ! Les vrais extraterrestres positifs viendront d'eux-mêmes et se feront connaître bien assez tôt et au bon moment afin de nous aider dans cette délicate période de transition planétaire.

Vous devez tout de même «cogiter» en vous disant que ce Dieu joue à un jeu plutôt terrible et inhumain parsemé de souffrance et de sang….C'est exactement ce que je me disais avant, avant de comprendre que c'est l'homme et uniquement l'homme qui décida, un jour, de suivre cette voie compliquée de par son libre-arbitre. Le Créateur, à ce titre, n'est coupable de rien. A l'inverse, il nous envoya souvent des émissaires pour tenter de ramener l'homme à la raison. Egaux à nous-mêmes, nous les avons majoritairement torturés et tués. Jésus était l'un d'eux. Nous l'avons crucifié puis oublié et **c'est nous qui nous sommes ainsi éloigné de LUI. Et pas l'inverse...**

Nous ne pouvons nous en prendre qu'à nous-mêmes et il ne tient qu'à vous, à tout instant, et même à l'ultime seconde, de faire ce pas sincère vers LUI et donc vers VOUS, avec force, confiance, foi et volonté de se libérer de vos propres chaînes. Il ne vous oubliera pas, car son unique volonté est de «faire basculer» le maximum d'êtres humains vers la lumière !

Nous roulons contre-nature depuis bien trop longtemps et certes, l'homme a bien été criminellement manipulé tout au long de sa pénible existence terrestre ; pas depuis hier mais depuis des milliers d'années, depuis que les castes les plus riches et savantes existent et depuis que l'homme a compris qu'il pouvait facilement dominer l'homme pour le mettre en esclavage ! Mais comprenez que cette excuse ne suffira pas à s'exonérer totalement du résultat final. Nous avons trop souvent courbé l'échine avec complaisance, lors de nos nombreuses incarnations, face à une maxime souvent utilisée par les Empereurs romains : *«Donnez leur du pain et des jeux et le peuple sera content !»*

Regardons-nous à la lumière de cette tirade et dites-moi si nous n'y avons pas, TOUS, cotisé et continuons toujours de le faire avec bonheur.

Ne riez pas, c'est presque encore pire aujourd'hui malgré le fait que nous nous considérions comme une grande civilisation. Mais enfin, réveillez-vous, nous laissons encore et toujours des populations entières crever de faim, des enfants, des femmes, des vieillards. Nous assassinons les animaux à la façon d'un génocide, les pauvres s'accumulent dans tous les pays dits riches, le chômage explose et le travail sous-payé devient même un esclavage accepté avec bonheur. De plus en plus de riches et de plus en plus de pauvres et vive les restos du coeur de l'année prochaine ! Et pas un seul artiste de «cette bande» pour dire STOP à nos dirigeants corrompus !

Vous qui avez eu le courage de lire ceci, aurez-vous seulement l'intelligence d'entrouvrir un œil ? Certainement même, conviendrez-vous de reconnaître que ce constat est valide. Et pourtant, oui pourtant, serez-vous suffisamment lucides pour comprendre que la situation dramatique que nous vivons aujourd'hui même, ne déroge pas à la règle précédente.

Qu'est ce qui vous empêcherait alors de commencer à vous en extraire, maintenant, avec la connaissance mise à votre disposition ? Peut-être bien uniquement **vous** ? Si tel était le cas, alors vous n'auriez plus aucune excuses et votre sort serait probablement scellé….

Feriez-vous ainsi partie de tous ces gens qui veulent changer le monde mais sans vraiment changer eux-mêmes ? Savez-vous pourquoi les choses n'avancent pas dans ce bas monde et pourquoi vos propres désirs de changement ne restent que lettres mortes ?

Parce que tout cela n'est pas créé avec l'énergie d'une conscience éclairée ! Parce que votre volonté ne reste que la volonté d'un jour et que cette volonté limitée dans le temps et l'espace porte un nom : **le mental**. Et le mental étant intimement lié à l'ego de votre personne, c'est à dire à l'unique perception matérielle de toutes choses, son énergie est insuffisante pour demeurer en vous.
Pour exemple, souvenez-vous des attentats marquants de Charlie Hebdo et du Bataclan. Dès le lendemain, une fièvre patriotique, fraternelle et émotionnelle envahissait le pays tel un ras de marée. On s'était dit qu'après cela, on allait se serrer les coudes et même les forces de l'ordre étaient subitement devenus nos meilleurs amis ! Et puis, l'espace d'un court laps de temps, plus rien, la fièvre était retombée aussi rapidement qu'elle était apparue….comme on le dit vulgairement, **chassez le naturel et il revient au galot !**

Alors aujourd'hui, à travers cette crise difficile, j'entends déjà les premiers signes de l'espoir, **du jour d'après,** qui verra les hommes avoir compris les valeurs du meilleur de l'être humain et que la vie ne sera plus jamais comme avant ! C'est bien, c'est beau, mais si tant est qu'on parvienne à sortir un peu la tête de l'eau, croyez-vous sincèrement que le pauvre ne sera pas toujours plus pauvre et le riche toujours plus riche ? Aurez-vous compris que pour sortir définitivement de ce carcan, ce n'est pas seulement de «politique» qu'il faut changer **mais surtout de regard sur soi-même.** Avec une vraie soif de changement mais qui, dès lors, serait éclairée par la connaissance, le bon sens, le raisonnement et le discernement pour enfin apprécier et décider des choses **en toute conscience….c'est à dire en être «réveillé» à défaut d'être complètement «éveillé».**

Ce n'est pas pour rien que j'ai tenu à inscrire cette citation d'un très ancien philosophe en début d'ouvrage. Elle résume à elle seule tous les déboires de l'homme et sa faille la plus grave : **son ignorance de lui-même et du monde qui l'entoure.**

Alors voilà, à l'orée des changements stupéfiants qui s'annoncent, ce que je tenais profondément à vous dire avec la plus grande sincérité. En rajouter davantage ne servirait à rien. Le reste du chemin vous appartient et reste désormais tout entier entre vos mains. Vous disposez à présent d'un peu de temps et du minimum de connaissances vitales pour en faire, si vous le désirez avec force, le chemin d'une liberté retrouvée. Rien n'est verrouillé, ayez confiance en votre potentiel intérieur.

Je vais maintenant laisser au temps (très court) le soin de faire son œuvre. Je rajouterai simplement que des événements cruciaux vont s'enchaîner très vite et que le dénouement final ne sera, quant à lui, qu'une question de quelques petites années ! Surtout, oui surtout, ne sombrez pas dans la peur à l'arrivée des premiers gros «orages»,

sachez garder le contrôle et souvenez-vous alors de ce que vous aurez bien voulu apprendre et intégrer.
Et si vous le pouvez, faites partager ce savoir et calmez l'angoisse des êtres les plus perturbés autour de vous.

Je souhaite, du fond du coeur, que nous puissions nous retrouver nombreux, à terme, de l'autre côté de cette «porte». Il sera toujours temps alors, d'y confronter avec bonheur nos pronostics !

Lien vers le site de «ré-information» à consulter. Pour une meilleure compréhension de cette philosophie fondamentale «ésotérique» certainement nouvelle pour vous, lisez auparavant l'information concernant ces êtres de lumière. Par la suite, l'historique des messages étant relativement étoffé, il serait préférable de débuter votre lecture par les messages plus anciens de 2019 pour avancer progressivement vers les messages de 2020/21. Vous pourrez plus facilement intégrer une certaine compréhension et continuité par certaines premières révélations et clés de sagesse. Rien ne vous empêchera, bien au contraire, de remonter encore plus loin. Vous constaterez que l'on nous enseigne et que l'on nous met en garde depuis un bon moment même si parfois les changements «de lignes du temps», liées aux choix de l'homme, font que certaines informations sont parfois décalées…..Je vous l'annonce une dernière fois : si lumineux et étranges à vos yeux soient-ils, ne voyez là que des messages d' informations déconnectés de toute forme de secte, religion ou doctrine dogmatique. C'est libre, c'est clair, c'est sage, c'est gratuit mais surtout…..c'est une immense chance à saisir.

Monique Matthieu
<u>Site :</u> ducielalaterre.org/fichiers

P.S : Un dernier petit conseil gratuit, si vous avez un doute concernant une décision importante, souvenez-vous d'un moyen «mémo-technique» imparable :
«La où va le troupeau, prends la direction inverse !»

ANNEXE

L'incendie criminel de Notre-Dame de Paris

Chronologie des faits
Le lundi 15 avril 2019, peu avant 19 heures, un incendie aussi brutal et féroce qu'inattendu, supposé avoir démarré dans les combles, commence à ravager la toiture de la Cathédrale Notre-Dame de Paris. Peu après, **Julien Le Bras, responsable de la société Europe échafaudages**, a assuré que sa société avait respecté les procédures et qu'absolument aucun des salariés de la société n'était présent sur le site. La descente des ouvriers avait débuté à 17H20 et à 17H50, soit 30 minutes avant la première alerte, plus personne n'était sur le site. L'électricité générale du chantier avait été coupée et, **de source policière, il n'y avait pas de soudures en cours**. Cet élément important est parfaitement confirmé par **Marc Eskénazi**, chargé par la compagnie d'assurance AXA de la communication de l'entreprise, **qui assure qu'aucun outil de soudage, aucun chalumeau, aucun point chaud n'étaient présent sur le chantier**.
De la même source policière, on estime que, *«Si c'est un accident, c'est à 90 % un départ électrique, car c'est la seule source d'énergie dans le bâtiment.»* (**Midi Libre** du 17/04).
Par la suite, et toujours de source policière, il est confirmé que les auditions des différents protagonistes, ouvriers, gardes de sécurité se recoupent toutes, en affirmant que les premières flammes ont d'abord été aperçues au pied de la flèche.
Maintenant que le décors est planté, qu'en est-il vraiment du déclenchement des alarmes incendies ? Et bien, il apparaît, en premier lieu, qu'il n'y avait qu'un seul garde de permanence au PC incendie ce soir là au lieu des deux prévus dans le dispositif anti-incendie de **la Direction Générale des Affaires Culturelles**. Celui-ci prévoyait à l'origine un PC sécurité 24/24 avec deux employés

rémunérés par l'État. Il s'avère ainsi que le dispositif présent était **non conforme depuis 2014** ! (Source Wikipédia). Et, de surcroît, le poste était tenu par un novice qui n'avait reçu que deux jours de formation au lieu de trois. Cela a suffit pour convaincre les enquêteurs que la fatigue et le manque d'expérience de ce jeune homme expliquaient à elles seules les 33 minutes perdues entre la première alarme et le coup de fil aux pompiers. En effet, une première alerte survient à 18H20 sans permettre, apparemment, de détecter un départ de feu ! La seconde à 18H43 verra la confirmation d'un feu au niveau de la charpente. (**source** : Canard enchaîné).

Notre-Dame était donc parfaitement équipée d'alarmes incendie qui ont bien fonctionné. C'est ce que confirme **André Finot,** responsable de la communication de Notre-Dame :

«Nous l'avons entendue à 18H30. Une alarme que l'on a tout de suite identifiée et reconnue, car il y a encore quelques jours, nous nous étions livrés à un exercice incendie.» (**Le Parisien** du 15/04)

Nous avons déjà 10 minutes de décalage sur la première alerte par rapport à la version précédente, mais là n'est pas le centre du problème. Il est nécessaire de prendre également en considération les témoignages de quelques paroissiens présents sur les lieux à cet instant précis du démarrage de l'incendie et qui affirment avoir entendu **un grand bruit à 18H43** (Madame Bodenez et sa voisine) ainsi que **trois bruits d'explosions en moins de 21 secondes** sur une vidéo amateur vers 19H00.

Dès 18H50, il est déjà constaté de gros dégagements de fumée et de flammes qui s'échappent du toit. Les premiers pompiers arrivés 15 minutes plus tard, soit à **19H05**, ne parviennent pas à maîtriser l'incendie et à **19H50**, la flèche s'effondre. Au paroxysme du feu qui n'aura duré qu'**1 heure sur les quatre de l'incendie, la moitié de la masse combustible de la charpente a été consumée, soit 3250 m² de comble et 500 tonnes de chênes** de 800 ans, durs comme de la pierre avec des section de 40 à 60 cm. (Source : wikipedia)

Des conclusions étrangement hâtives

Je me rappelle m'être fait la réflexion qu'il me paraissait impossible de voir aussi rapidement partir en fumée un tel édifice, comme une simple maquette faite de petites allumettes ! Mais, apparemment, ce n'était pas l'avis des autorités puisque dans la nuit de lundi à mardi, soit quelques heures après la fin de l'incendie, le **Procureur de Paris** s'empressait déjà d'assurer que *«Rien ne va dans le sens d'un acte volontaire.»* (Journal **Le Parisien**).

En pleine ambiance terroriste, avec un islamisme radical s'en étant déjà pris à des prêtres, j'ai le plus grand mal à accepter une telle précipitation des conclusions. Cela sent prématurément, à un tel niveau décisionnaire, la signature de la dissimulation d'un acte que l'on peut déjà envisager comme criminel et prémédité !

Pourquoi donc une telle volonté affirmée au plus haut sommet de l'Administration d'écarter aussi brutalement et unilatéralement l'hypothèse fort légitime d'un acte volontaire ou terroriste pour se décharger directement vers une probable attribution du sinistre à l'entreprise chargée du montage de l'échafaudage ? Cela restera une décision incompréhensible en même temps que parfaitement irresponsable. Du reste, la suite des événements confirmera la mise hors de cause de l'entreprise puisque aucuns éléments tangibles ni soudures ne pourront les relier à l'incendie, même pas les pauvres mégots de cigarettes retrouvés et qui se seraient faufilés insidieusement à travers une trappe située sur le toit pour tomber directement sur la charpente afin de l'embraser tel un lance-flamme ! L'hypothèse, ayant de quoi faire éclater de rire plutôt que sourire, a dû, bien évidemment, être abandonnée. De fait, le seul argument disponible restant encore à leur disposition devait forcément passer par le court-circuit «tueur de cathédrale», l'étincelle fatale.

Brève analyse du feu

En faisant appel au plus simple bon sens et pour quiconque ayant déjà pratiqué l'allumage d'un feu de cheminée ou d'un simple barbecue, il est reconnu que fut rapidement abandonné l'utilisation du mégot ou le frottement de deux silex ! Tout le monde sait parfaitement que pour parvenir à un résultat rapide d'embrasement, il sera au minimum nécessaire de rassembler suffisamment de tout petit bois sec et du papier journal. Et même au bout de plusieurs tentatives avec des allumettes, le résultat final n'est pas toujours garanti à 100 % ! D'où l'invention géniale des cubes en tous genres accélérateurs de feu….nous y reviendrons.

En évoquant même la possibilité d'un court-circuit accidentel, il ne pourrait être comparé à celui se produisant dans un garage ou une quelconque habitation à l'intérieur desquels se trouvent rassemblés toutes sortes d'éléments rapidement inflammables tels que des revêtements plastiques, des isolants, des tissus, du papier, du carton et autres bouteilles et conduites de gaz….Alors, en imaginant le pire scénario d'un boîtier électrique, bêtement attaché d'une manière sauvage sur un pilier de bois, (nous verrons plus loin que le système de sécurité incendie était conçu pour l'éviter) se consumant jusqu'à commencer à enflammer progressivement son propre support, il lui faudrait encore parvenir aux premières poutres de grosses sections de 40 à 60 cm. Ces dernières âgées de 800 ans ont fait que le temps les avaient rendues particulièrement imperméables, denses et dures comme de la pierre et par conséquence très résistantes au feu. C'est donc un processus naturel qui amène le bois à se pré-fossiliser en 4 à 5 siècles !

Voyons ce que rapporte **Jérôme Quirant, chercheur à l'Université de Montpellier et spécialiste des structures complexes pour la construction :**

«Lors d'un incendie, une couche de charbon se forme autour des poutres de grosse section. ***Cette couche isole le coeur de la poutre ce qui leur permet de résister malgré les flammes.*** *Pour attaquer les poutres plus en profondeur et donc la fragiliser,* ***il faut entretenir les flammes, comme dans un feu de cheminée.****»*

Source : scienceetavenir.fr/archeo-paleo/patrimoine/notre-dame

Cette vieille charpente était une véritable forêt de chênes, or le chêne sec ne fait pas de flammes, il rougeoie d'où l'intérêt d'un tel bois pour les cheminées car c'est un feu qui dure très longtemps : une simple bûche de chêne peut facilement tenir un feu toute une nuit !

Un autre témoignage d'artisan va totalement dans ce sens. En effet, **Didier et Anthony Dupuy**, père et fils, spécialisés dans l'installation de protections contre la foudre sur le toit des bâtiments historiques, avaient fixé un paratonnerre au sommet de Notre-Dame de Paris en 2013. Ils avouaient leur incompréhension face à cet incendie lors d'un entretien avec le journal **Le Parisien**. Anthony Dupuy se disait surpris par la puissance de l'incendie car *« les sections de chêne sont énormes et **il faut vraiment une source d'énergie hors norme pour les embraser**....Le bois des charpentes était durs comme de la pierre, vieux de plusieurs siècles....Je n'arrive pas à m'expliquer comment des morceaux de 60 cm de large ont brûlé aussi vite. »*

Filtrage informations et témoignages accablants

Dès le lendemain de l'incendie, un «resserrage» des commentaires des professionnels a commencé à se mettre en place afin de limiter l'information. Il y eu une concertation dès le mardi matin affirme **Charlotte Hubert, Présidente de l'ACMH**, entre les représentants de la compagnie des architectes en chef des monuments historiques et le ministère. L'idée était de demander aux architectes de na pas dire ce qu'ils ne savaient pas et vers midi un mail leur fut envoyé pour leur demander de suspendre les interviews avec la presse pendant un moment, **le temps de mettre en place une chaîne d'information sûre**. Un de ses destinataires nous en a fait la lecture : *« **Le ministère exige** que les demandes d'interview et éléments de langage envisagés dans la réponse aux questions **doivent être annoncés et autorisés préalablement par le cabinet du ministre**. »*
Source :liberation.fr/auteur/7104-cedric-mathiot

Alors, sous prétexte d'éviter une certaine cacophonie bien normale dans un pays dit «libre», laissant à chacun la possibilité et le soin d'évaluer l'information, nous avons la réaction indigne d'un Etat qui n'a rien à envier à certaines dictatures bien connues. Et tout le monde de se mettre au garde à vous, comme de bons petits soldats fonctionnaires d'État. C'est vrai qu'il vaut mieux perdre sa conscience que son travail....Vous voyez, c'est encore un petit exemple caractéristique de la procédure pernicieuse employée par nos chères élites afin de noyer toutes informations vitales alors même que, dans le cas qui nous intéresse, la piste terroriste avait été immédiatement et définitivement écartée ! Par conséquence, on est en droit de se demander le pourquoi d'autant de précautions et à quel niveau se situe donc véritablement leurs inquiétudes ….

Comme il est dommage de ne pas relayer ce type d'information au journal de 20H00, et à ce titre on se demande bien à quoi servent nos grands journalistes présentateurs et perroquets de la République !

Fort heureusement, il reste toujours quelques personnes courageuses désireuses de soulever une partie du voile du mystère mais dont les commentaires, bien qu'ils soient révélés à une certaine presse et à quelques chaînes d'information parallèles, sont conservés en marge de l'information grand public télévisée et donc quasiment inaudibles. Rajouter à cela que l'immense majorité des gens se contentent, par confort, de l'information officielle et vous obtenez un terrain parfait pour la poursuite des petites affaires de nos décideurs...toujours élus démocratiquement !

Commençons par un premier intervenant qui va nous permettre de mettre parfaitement en lumière la connaissance préalable et précise du gouvernement quant à la cible que pouvait représenter la Cathédrale pour un acte terroriste et lever définitivement le doute quant à l'origine électrique de l'incendie. Pour cela, nous pouvons nous appuyer sur un rapport officiel incroyable. Il s'agissait d'un projet de recherche financé par le **CNRS** (donc l'Etat) **dans le cadre d'une étude sur le thème, «attentats recherches». Paolo Vannucci rédacteur du document, Professeur d'ingénierie à l'Université de Versailles et spécialiste des structures dans les monuments historiques** précise : *«Nous avions étudié Notre-Dame parce que nous savions déjà à l'époque que Notre-Dame était une vraie cible pour les terroristes...elle est la deuxième église au niveau mondial après Saint-Pierre. Nous avions dit en effet qu'en cas d'attaque, le risque d'embrasement de la toiture existait et qu'il fallait absolument la protéger et installer un système d'extinction. En vérité, il n'y avait* ***pratiquement aucun système anti-incendie, notamment dans <u>les combles où il n'y avait aucun système électrique pour éviter les risques de court-circuit et d'étincelles…</u>***

Finalement, notre rapport a été classé <u>«confidentiel défense»</u>. Le gouvernement Valls a estimé que rien ne devait filtrer des résultats

de notre recherche, considérée comme sensible compte-tenu des données que nous avions insérées dans ce rapport....En revanche, je ne comprends pas que l'on ne dise pas : d'accord, nous avons un rapport certes sensible mais que nous pouvons tout de même utiliser. **Pourquoi ne l'ont-ils pas fait ? Je n'ai pas la réponse**...Nous avions également organisé une réunion au ministère de l'Education nationale et il y avait des représentants de plusieurs ministères. **Par conséquent, le gouvernement était tout à fait au courant...»**
Source : fr.sott.net/article/33780-Notre-Dame-de-Paris-Nous-avions-alerte-le-CNRS

Par le témoignage qui va suivre, **il ne fera plus aucun doute quant au mensonge d'État** car il va venir, en plus d'autres éléments troublants, confirmer l'impossibilité d'un problème électrique dans les combles. Cet interview unique, mené par le grand journaliste de non-investigation, David Pujadas, a été réalisé sur LCI le 17 avril 2019. L'invité principal du plateau était l'ex-architecte en chef des monuments historiques. En effet, **Benjamin Mouton** a été en charge de la Cathédrale Notre-Dame de 2000 à 2013 pour laquelle il a piloté, de bout en bout, **le lourd chantier de la détection incendie**. Il passa le flambeau à **Philippe Villeneuve** qui est donc en charge de l'édifice depuis 2013. Ce dernier, et cela est particulièrement important de le préciser, n'a jamais fait la moindre déclaration à chaud (et je suis sûr qu'on lui a fortement conseillé…), **mais a tenu à donner son accord à Benjamin Mouton** (ce dernier le précisera lors de l'entretien) afin qu'il participe à l'interview sur LCI. On se doute bien que les deux hommes, qui se connaissaient, s'étaient entretenus préalablement du sinistre et que Philippe Villeneuve, par le présence et la voix de son ancien collègue, comptait bien faire passer de nombreux éléments de vérité ! Ce qu'il ne se gêna absolument pas de faire au plus grand désarroi de certains...En voici les passages les plus significatifs.

A la question : Etes-vous surpris que ce feux ce soit propagé aussi rapidement ? Réponse :
«Incompréhensible....surpris et stupéfait. C'est du très vieux chêne et on dirait qu'il a brûlé comme une allumette, comme s'il s'agissait

d'une autre essence inflammable...Du vieux chêne de 800 ans c'est très dur, il faudrait beaucoup de petit bois pour y arriver, je ne sais pas s'il y en avait assez...Bon, j'arrête de plaisanter....Non moi, ça me stupéfait beaucoup, je ne comprends pas du tout.»
Avez-vous une hypothèse sur cette propagation rapide ?
«Je n'ai pas d'hypothèses....Je me perds en conjectures....En 2010, toute la partie sécurité incendie a été mise à plat et aux normes contemporaines...c'était le top du top. Il n'y avait pas de possibilités de court-circuit et en poussant très loin toute la protection et la sécurité incendie de la Cathédrale avec tous les témoins possibles, aspirations....permettant de détecter tous départs de feu. **Les appareils de mesure et de protection dans les combles sont alimentés de telle sorte qu'il n'y a aucuns risques de court-circuit. Tous les éléments de branchement sont déportés dans les escaliers en retrait des portes coupe-feu.**»
Sur la question concernant le nombre de départs d'incendie, Mr Mouton réponds que **Mr Villeneuve lui a personnellement confirmé** qu'il n'y avait eu qu'un seul départ de feu au niveau du transept de la Cathédrale, **à un endroit où il n'y avait pas de chantier**. Réponse qui mettra dans l'embarras David Pujadas qui lui demandera de confirmer cette information...ce qu'il fît !
S'ensuivit la réflexion :
Mr Mouton, ce que vous nous décrivez mène tout droit à l'hypothèse de quelqu'un qui aurait cherché à ce que l'incendie se développe !
Après un long silence : « *Je me garderais bien de faire la moindre hypothèse....*»
Pourquoi ne pas avoir aspergé préventivement la charpente d'un produit permettant de ralentir le feu ?
«*Pour que les produits marchent, il faut qu'ils pénètrent dans le bois..alors essayez de faire introduire dans du vieux chêne le moindre produit, que ce soit un insecticide ou un fongicide...c'est pas possible...Si on le savait, on l'aurait déjà fait.*»
Vous allez très vite constater que cette dernière information va se révéler étonnante !

Des éléments importants non révélés
Et pourtant, en février 2018, la charpente de Notre-Dame a été traitée avec un gel fongicide contre des champignons qui avaient, semble t-il, été détectés par un entrepreneur lors de travaux sur la toiture en plomb ! C'est la **société Aubriat** qui avait obtenue le chantier et son patron, Edouard Aubriat précise :
«Après analyse, nous avons pu écarter le risque de mérule.» **Il a toutefois été sollicité par le conservateur des monuments historiques et son architecte spécifique, pour assurer son traitement**. Un travail délicat en raison de sa composition. *«Le chêne qui compose généralement les toitures est un bois dur. Il empêche d'utiliser le traitement par infiltration»*, note l'entrepreneur. **Qui a dû opter pour un traitement par pulvérisation d'un gel qui a coûté au total 15 000 Euros.**
Source : Vosges Matin du 29/01/2018 et aubriat.fr/société

Alors, pourquoi insister sur ce traitement préventif ? En premier lieu, il faut rappeler que **Mr Mouton**, durant son mandat de treize années en charge de la Cathédrale, affirme ne pas avoir pratiqué cette opération du fait de l'impossibilité de pénétration des produits insecticides ou fongicides existants. Et voilà que seulement cinq ans plus tard, malgré l'absence de mérule (ce qui prouve la bonne tenue du bois dans le temps et l'absence d'humidité), le conservateur des monuments historiques demande que l'on applique tout de même un traitement fongicide préventif qui agit en surface ! Tout cela a de quoi laisser quelque peu perplexe, sans pour cela mettre un seul instant en doute la bonne foi et le professionnalisme de l'entreprise qui a effectué le travail demandé, au mieux de ses possibilités

Mais, il en ressortirait alors que Mr Mouton était un incompétent et pas très au fait des progrès techniques. Je reste pourtant tout à fait d'accord avec lui lorsqu'il avance avec justesse, **que pour qu'un produit marche, il faut qu'il pénètre dans le bois** ! D'autant plus que le mérule est un champignon insidieux dont les fils minuscules, invisibles à l'oeil nu, **se développent vers l'intérieur des charpentes**. Une attaque n'est donc décelable de l'extérieur que très tardivement.

De ce fait, on ne peut écarter totalement la possibilité que ce produit en gel appliqué sur les poutres de la Cathédrale, n'est été détourné de son objectif premier à l'insu de l'entreprise chargée du chantier. En effet, cette dernière n'étant pas fabricante d'un produit qui lui a coûté 15 000 Euros, une organisation criminelle sophistiquée aurait pu disposer facilement de la connaissance et de la technique nécessaire dans le but de mélanger le produit d'origine à une solution hautement inflammable de type «thermite», composée d'aluminium métallique et d'oxyde de fer. Ces réactifs se présentent généralement sous la forme de poudres très fines pouvant être mélangées à un liant. En enflammant ce mélange, une réaction chimique instantanée se produit et génère une chaleur intense permettant d'atteindre rapidement une chaleur de 2200°C qui détruit n'importe quel matériaux.

Ce scénario ne reste bien entendu qu'une théorie, mais le produit, quant à lui, possède toutes les qualités nécessaires pour en faire l'incendiaire n°1 qui aurait pu aussi être rapidement installé et enflammé ! Il est en effet le seul pouvant produire de telles flammes, une propagation extrêmement rapide, des fumées jaunes caractéristiques de ce mélange et une température suffisante ayant permis de fondre le fer (besoin de 1530°C) qui a détruit la flèche de la Cathédrale. **A l'inverse et à forte chaleur, le chêne ne brûle pas mais se consume, produit une fumée blanche et ne dépasse pas les 800°C, insuffisant pour fondre le fer ! Renseignez-vous, ce sont des chiffres réels.**

Ne sachant de plus à quel feu ou produit ils avaient à faire, l'eau des pompiers s'est gravement combinée à la réaction chimique en activant malheureusement la combustion. En conclusion, aucun pompier, charpentier, expert judiciaire ou architecte en bâtiment n'a jamais été reçu sur un plateau de télévision afin de démontrer une évidence : **sans une charge calorifique, une telle rapidité de propagation et de destruction, en 1 heure, du toit de la Cathédrale Notre-Dame, était techniquement impossible.**

Mais d'autres informations déterminantes ont encore été passées sous silence. En effet, des observateurs ont relevé l'existence d'une

vidéo réalisée le 15 avril par la **plate-forme Surfview** qui offre par ses webcams des vues de points répertoriés de la ville de Paris au rythme d'une minute par caméra. C'est ainsi qu'à 17H05, la caméra a pu filmer **le déplacement suspect d'un individu vêtu de couleur sombre sur l'échafaudage de la Cathédrale**. A deux instants précis de la minute filmée par la caméra de surfview, deux éclairs de lumière intense, émanant d'un objet tenu par l'individu, sont nettement visibles à la dixième et vingt-huitième seconde de la vidéo. Cette vidéo fut immédiatement contestée par les autorités mais vous pourrez vous en faire une idée par vous-mêmes sur le lien :
meta.tv/2-videos-montrent-individu-declenchant-de-vifs-eclairs

On est en droit de se demander ce que pouvait faire cette personne seule sur le toit, avec un tel comportement qui pourrait parfaitement correspondre à un incendiaire activant son matériel....Et bien dites-vous qu'il aurait été extrêmement facile de valider cette vidéo afin de lever le doute sur cette présence singulière ! Car, saviez-vous qu'**une caméra pointée sur la flèche avait été installée par l'entreprise pour suivre l'avancée de son chantier d'échafaudage ?** C'est **Mr Marc Eskenazi,** chargé par AXA de la communication de l'entreprise, qui révèle cette information incroyable et rajoute :
«L'enregistrement «timelapse» (avec un effet accéléré) potentiellement précieux, a été remis aux enquêteurs. Des photos ont été prises toutes les dix minutes à partir de lundi 14H00 et l'appareil photo a été confié à la brigade criminelle par Mr Le Bras», a-t-il dit, faisant état d'un véritable reportage photo. *«Ils peuvent bien voir d'où vient la première fumée par exemple, d'où elle sort, je pense que le film a un certain intérêt pour l'enquête».*
Source : Journal Midi Libre du 17/04

Vraiment, quel dommage de ne pas avoir publié ce témoignage et ces images en toute transparence au journal de 20H00 .... Mais rassurez-vous, vous ne les verrez jamais !

Que dire aussi du fait que, par le plus grand des hasards, le circuit touristique des tours de Notre-Dame avait été exceptionnellement fermé à 17H30, plus tôt que d'habitude, le 15 avril, au lieu de 18H30. Cette information n'a filtrée que tardivement sans jamais être relayée par les médias le jour de l'incendie. La raison invoquée fut qu'il y avait une réunion administrative programmée ce jour là….

Et puis, pourquoi l'investigation de la police scientifique n'est intervenue que 10 jours après l'incendie ? Le temps peut-être d'effacer certains indices dérangeants…

Finalement, malgré tous ces témoignages, et autres informations techniques précises connues des autorités et qui, dans tout autre contexte, auraient orienté l'enquête vers un acte délibéré, c'est la piste accidentelle qui a été paradoxalement privilégiée dès le 15 avril et une information judiciaire ouverte le 26 juin par le parquet de Paris pour : *«dégradations involontaires par incendie, par violation manifestement délibérée d'une obligation de prudence ou de sécurité imposée par la loi ou le règlement»*. Pourtant et très curieusement, il s'avère que, près d'un an plus tard, ni l'entreprise du chantier de l'échafaudage, ni l'architecte en chef de la Cathédrale Notre-Dame n'ont pu, clairement et directement, être mis en cause dans cette affaire….évidemment puisque aucunes charges valables n'ont pu être retenues contre eux ! Et, l'État ne les poursuivra jamais pour la bonne et simple raison que s'ils étaient mis en cause, cela poserait le problème d'un procès et d'une défense qui porterait au grand jour toutes les preuves, tous les manquements et les incohérences de l'accusation mensongère de l'État français….mieux vaut enterrer l'histoire et laisser pourrir la situation, le temps fera par lui-même son travail d'effacement...

Mais alors, puisque **cet acte n'a, de surcroît, été revendiqué par aucun groupe terroriste**, l'unique possibilité reste que ce brasier se soit déclenché….comme «par miracle» ! Sauf que je ne prête pas à Dieu de telles intentions barbares….Il ne reste donc plus qu'une option, la plus terrible mais la seule pouvant exister : **la trahison de l'État à son plus haut niveau décisionnaire. Ne soyez pas surpris, ce n'est malheureusement pas une première et ce ne sera certainement pas la dernière.** Et vous pouvez davantage le comprendre, à présent, après la lecture de cet ouvrage d'avertissement….leurs pouvoirs sont infinis car ils tiennent les médias et tous les postes décisionnaires sensibles ! La naïveté de la population faisant le reste….

Les raisons d'un tel acte
Vous aurez noté, qu'à l'époque des faits, un certain Macron était en mauvaise posture après des mois terribles d'affrontements face à la contestation populaire. L'épilogue devait avoir lieu ce même **soir du 15 avril 2019 vers 20H00, avec une allocution très attendue sur les décisions gouvernementales, suite aux résultats de la concertation nationale.** Allocution annulée à cause d'une terrible catastrophe inopinée….quelle «baraka» ! Cette rencontre avec les français, qu'il méprise par ailleurs, n'aura donc jamais eu lieu ; mais il y a d'autres facteurs à prendre en ligne de compte :
- Le détournement de l'attention du peuple en provoquant un rassemblement autour de ce bien commun ancestral amputé.
- Générer la peur et l'émotion
- S'attaquer à la Chrétienté
- Se placer en sauveur du patrimoine par une reconstruction rapide mais surtout, en ayant définitivement éliminé les effets d' une énergie bienfaitrice, irradiant d'un monument érigé par des sociétés savantes anciennes sur un lieu sacré et dont les caractéristiques, emplacement sur des lignes précises d'énergies et secrets de construction, initiaient la présence de ce rayonnement vibratoire extrêmement positif.

Contrairement à la majorité des gens, leur connaissance des forces surnaturelles est totale et fait leur force. L'incendie de Notre-Dame de Paris n'était pas autre chose qu'une messe noire en direct, comme l'était son investiture présidentielle devant la pyramide du Louvres.

Pour faire court, ce à quoi nous avons assisté passivement ici et assistons depuis des milliers d'années, ne se résume qu'à une lutte ancestrale du mal contre le bien. Eux, ont pris leur rôle très au sérieux depuis fort longtemps et sont ainsi devenus les rois du monde et nous, leurs esclaves dévoués inconscients. Quoique la majorité des gouvernants de ce monde soient des pions ignorants, soumis ou corrompus au service de l'ombre, certains sont plus conscients de leurs pouvoirs que d'autres. **Il est à craindre que la France n'ait à souffrir de cette race là !**

Je sais bien que la plupart des personnes ricaneront à cette démonstration des choses, simplement car ils ne savent pas Qui Ils sont et encore moins qui sont «les autres». **Nous l'avons déjà évoqué.**
<u>L'avenir se chargera de nous dire très bientôt, qui avait raison….</u>

Les dessous d'une reconstruction truquée
Après ce qu'il s'est passé, il n'est pas utile d'être devin pour comprendre que la précieuse flèche de la Cathédrale ne sera pas reconstruite à l'identique pour des raisons bassement «énergétiques» et matérialistes en lien avec le pouvoir. La bataille a déjà commencé et c'est avec stupeur que j'ai découvert que Macron avait désigné son représentant spécial sur le chantier de reconstruction. Et vous savez quoi, il s'agit d'un Général ! **Le Général Jean-Louis Georgelin, ancien Chef d'état-major !** Et là ce n'est pas une fake-news.

Un Général d'Armée va donner des ordres à des professionnels du chantier de la Cathédrale **et sera même le futur responsable de l'établissement public devant le gérer.** C'est à tomber par terre ! Et il n'a pas mis bien longtemps à donner de la voix. En effet, le mercredi 13 novembre 2019, interrogé par la commission des affaires culturelles et de l'éducation de l'Assemblée nationale sur la flèche de Notre-Dame de Paris, il a insulté **Philippe Villeneuve** (successeur de Benjamin Mouton), l'architecte en chef des monuments historiques chargé de la reconstruction de l'édifice :
«Je lui ai déjà expliqué plusieurs fois et je le lui redirai : qu'il ferme sa gueule et nous avancerons en sagesse pour que nous puissions sereinement faire le meilleur choix pour Notre-Dame...»

Ce Général, qui devrait déjà commencer par apprendre la politesse et ce que signifie le mot sagesse, est bien évidemment sur la même ligne que Macron qui est favorable à un *«geste architectural contemporain»*, **au mépris total de la charte de Venise établie en 1964** et qui impose que l'on restaure les monuments historiques dans le dernier état connu. La position de Philippe Villeneuve a d'ailleurs été claire et courageuse à ce sujet :*«Le futur, c'est soit je restaure à l'identique, et ça sera moi, soit on fait une flèche contemporaine, et ça sera un autre !»* A mon humble avis, sa démission ne risque d'être qu'une question de temps !

Maintenant il faut être très clair : soit les gens écoutent, entendent, cherchent et réagissent aux informations réelles divulguées, soit ils acceptent honteusement l'inacceptable imposture et deviendront les collaborateurs responsables de leur propre déchéance !

Cet exemple terrifiant de l'incendie de Notre-Dame est l'exemple parfait de mystification qui entre, sous nos yeux, dans le cadre de la construction de «leur monde». Notre collaboration passive et naïve, entretenue à dessein par leurs soins, est la plus machiavélique qui soit. Elle s'appuie, en partie, sur nombre de vérités cachées révélées dans ce livre et surtout par l'effacement, dans nos mémoires, du pouvoir de notre Divinité intérieure. Que faut-il en conclure ?

Et bien qu'il deviendrait urgent de cesser de penser que le déroulement des faits historiques serait toujours conditionné par l'accumulation de prétendus hasards ou par le jeu de mécanismes purement matériels. **En réalité, non seulement notre histoire obéit depuis l'aube des temps à un déterminisme sectaire précis, mais elle ne saurait être considérée autrement que comme l'expression d'un vaste plan d'ensemble aux multiples ramifications.** Ainsi, les hauts dirigeants invisibles de l'ombre qui mènent le monde d'aujourd'hui ne sont en rien de petits «maîtres» de pacotille mais les exécutants fidèles et dévoués à un plan d'asservissement planétaire.

Certains des événements actuels chaotiques, graves et perturbants qui s'accélèrent dans tous les pays et secteurs de nos vies, dont le réchauffement climatique, s'expliquent aussi par notre arrivée dans une zone de transition, dans la zone de passage entre deux grandes étapes du cycle terrestre et universel. Le tempo de cette évolution programmée, décidée depuis toujours par le «Grand horloger» de l'univers, est une étape naturelle obligatoire que nous allons devoir franchir, à très court terme, avec notre maigre bagage actuel.

Texte rédigé en juin 2019 et tiré, **tel quel,** de mon ouvrage précédent :
«La conspiration des Pôles» publié en Mars 2020 chez BOD éditions.
Je laisse à votre appréciation cette dénonciation objective et circonstanciée de la gestion criminelle de cet événement majeur **qui n'a rien à envier à notre situation actuelle étant donné que ce sont les mêmes traîtres à la manœuvre. A la lumière de ces évidences, peut-être parviendrez-vous plus facilement à identifier, au travers des décisions stupides et inappropriées de nos dirigeants, <u>leur unique volonté évidente de servir «le mal»</u>.**

Aujourd'hui 28 mai : le virus a tué 350 000 personnes dans le monde sur 6 mois, faute de volonté de traitements précoces. Vraiment, une pandémie ?
Bilan moyen grippal annuel : plus de 650 000 morts sur quelques semaines mais…...avec traitements !
Imaginez ce que serait le bilan final chaque année en appliquant uniquement la théorie du Doliprane pour une simple grippe ! Il serait terrible…...
Réfléchissez encore…..mais vite !